Phantasiereisen

AF130708

Klaus W. Vopel

Phantasie reisen

für Kinder und Jugendliche
ab 10 Jahren

iskopress

ISBN 978-3-89403-253-1
9. Auflage 2025
Copyright © iskopress, Salzhausen
Internet: www.iskopress.de
Umschlaggestaltung:
Mathias Hütter, Schwäbisch Gmünd
Druck und Bindung:
Wirmachendruck GmbH, Backnang

**Bibliografische Information der
Deutschen Bibliothek**
Die Deutsche Bibliothek verzeichnet diese Publikation in
der Deutschen Nationalbibliografie;
detaillierte bibliografische Daten sind im Internet
über http://dnb.ddb.de abrufbar.

Inhalt

Vorwort

Kinder und Jugendliche lieben Phantasiereisen. Sie ziehen aus ihnen Kraft, Stärke und Hoffnung. Ganz besonders bieten Phantasiereisen den Kindern und Jugendlichen ein Refugium, um zu sich selbst zu kommen, um ihr Leben zu reflektieren und im positiven Sinne zu ordnen. Sie spüren und erkennen, dass ihr Leben viele positive und vielversprechende Möglichkeiten besitzt. Und genau das ist das Entscheidende: Manche Kinder, aber auch die meisten Jugendlichen und Erwachsenen, nehmen überwiegend die negativen Seiten in ihrem Leben wahr. Diese negativen Elemente nehmen oft so viel Raum ein, dass glückliche Erfahrungen verdeckt werden. Phantasiereisen helfen, dieser unrealistischen Selbstwahrnehmung entgegenzutreten.

Als Lehrer einer Gemeinschaftsschule wende ich täglich Phantasiereisen in allen Jahrgangsstufen in meinem Unterricht an. Diese Reglmäßigkeit bewirkt bei den Schülerinnen und Schülern eine zum Teil erhebliche Steigerung der Selbstkompetenz (Selbstvertrauen, Selbstbewusstsein, Selbstwertgefühl und Selbstachtung). Es ist zu beobachten, dass selbstbewusstere Schülerinnen und Schüler sowohl leistungs- und lernfähiger als auch kommunikationsfähiger werden und ihren Mitschülerinnen und Mitschülern mit mehr Empathie gegenübertreten.

Das vorliegende Buch «Phantasiereisen» ist ein Meisterwerk. Es bietet nicht nur den Kindern und Jugendlichen erholsame und positive Erlebnisse und Erfahrungen, sondern auch ihren Gruppenleiterinnen und Gruppenleitern angenehme Vorbereitungsstunden für Schule, Konfirmandenunterricht und Jugendarbeit.

Rolf Hübner

Einleitung

Die Phantasiereisen dieses Bandes sind ein Mini-Curriculum für den Gebrauch der eigenen Vorstellungskraft, Intuition und Phantasie. Wer Kinder, Jugendliche und Erwachsene anleiten möchte, ihr Imaginationsvermögen zu entwickeln, Zutrauen zur schöpferischen Kraft des eigenen Geistes zu fassen und die eigene Phantasie teils zu lenken, teils spontan ihren Lauf nehmen zu lassen, der findet hier geeignete Übungen.

Die sieben vorbereitenden Phantasiereisen lassen wesentliche Aspekte der Imagination erleben und ermöglichen einen sanften Einstieg in einen Bereich, der immer wieder Überraschungen und Wunderbares ermöglicht. Die anschließenden Übungen greifen Wünsche, Bedürfnisse und Interessen auf, die jeder kennt, und vermitteln den Teilnehmern durchweg erfreuliche und konstruktive Erfahrungen. Die Übungen rufen Neugier, Spannung und Überraschung hervor und verzichten bewusst darauf, Probleme und Konflikte zu provozieren.

Die Phantasiereisen dieses Bandes können auch Ihnen als Gruppenleiter als Übungscurriculum dienen. Sie erlauben es, in einem überschaubaren Rahmen Erfahrungen zu sammeln. Das gibt Ihnen Sicherheit, wenn Sie später mit anderen, themenbezogenen Phantasien arbeiten möchten. Sie lernen außerdem etwas über die Struktur von Phantasiereisen, was Sie in die Lage versetzt, sich auch eigene auszudenken. Denn Phantasiereisen sind ein hervorragendes didaktisches Instrument, das bei nahezu jedem Thema helfen kann, Interesse und Engagement zu wecken oder einen gefühlsmäßig befriedigenden Beginn bzw. Abschluss einer Arbeitsphase zu ermöglichen.

Wenn Sie in einer Gruppe mit Phantasiereisen arbeiten, dann knüpfen Sie damit an Alltägliches an: Jeder von uns träumt nachts, erlebt Tagträume, hängt Erinnerungen nach oder entwirft Zukunftsszenarios, um Probleme zu lösen und Orientierung zu finden. Gleichzeitig sorgen Sie auf diese Weise als Gruppenleiter dafür, dass im Rahmen ernsthafter Gruppenarbeit eine gewisse Aufwertung der Phantasie stattfindet. Denn obgleich niemand ohne den Gebrauch seiner Vorstellungskraft

leben kann, benutzen viele Kinder und Erwachsene ihre Phantasie mit
schlechtem Gewissen. Sie haben früh abwertende Bemerkungen darüber hören müssen und erlebten in Schule und Beruf, dass offenbar
hauptsächlich die Fähigkeiten ihrer linken Hemisphäre gefragt sind –
verbale und nummerische Rationalität. Die ganzheitlichen, intuitiven
und metaphorischen Fähigkeiten der rechten Gehirnhälfte scheinen
vor allem für Künstler oder Werbefachleute bestimmt zu sein.

Demgegenüber ist es eine wichtige pädagogisch-therapeutische
Aufgabe, das produktive Zusammenwirken beider Sphären unseres
Geistes zu fördern, die rationale und die intuitive, die bewusste und
die unbewusste. Phantasiereisen können uns dabei helfen. Wer seine
Phantasie benutzt und sich auf die Unterstützung seines unbewussten
Geistes verlassen kann, der wird leichter Selbstvertrauen und ein posi-
tives Selbstbild entwickeln.

Eine wichtige Voraussetzung ist dabei zu berücksichtigen: Wer es
sich als Kind, Jugendlicher oder Erwachsener im Rahmen einer Gruppe gestattet, seinen Geist auf eine Phantasiereise zu schicken, der
benötigt eine Atmosphäre des Vertrauens: Vertrauen in die Person des
Gruppenleiters und Vertrauen zu den übrigen Gruppenmitgliedern.
Nur dann kann ein Teilnehmer das Risiko eingehen, die Kontrollfunk-
tion des Alltagsbewusstseins zu lockern und seinem unbewussten
Geist mehr Spielraum einzuräumen. Und nur in einer vertrauensvollen
Situation können wir erwarten, dass die Gruppenmitglieder davon
erzählen, was sie auf ihren Ausflügen ins Reich der Imagination erlebten.

Vorbereitung der Gruppenmitglieder

Geben Sie denjenigen, die zum ersten Mal an einer Phantasiereise teilnehmen, eine Vorstellung davon, was sie dabei erwartet. Das gibt
ihnen Sicherheit. Erklären Sie vor allem, dass Sie zu Beginn Vorschläge zur Entspannung machen werden, damit jeder in eine passende
Stimmung kommt.

Sie können die Phantasiereise mit einem Traum oder Tagtraum vergleichen, mit dem Unterschied, dass Sie eine Situation beschreiben
werden, die sich jeder Teilnehmer dann auf seine Weise vorstellen

kann. Kündigen Sie an, dass Sie langsamer als sonst sprechen und viele Pausen machen werden, damit sich jeder in Ruhe die Dinge so ausmalen kann, wie er es möchte. Dabei ist es günstig, dass die Teilnehmer die Augen geschlossen halten. Wer sehr geübt ist oder sich besonders gut konzentriert, kann jedoch durchaus auch mit offenen Augen teilnehmen.

Betonen Sie, dass jeder Ihren Worten folgen, aber natürlich auch eigene Wege dabei gehen kann. Erklären Sie ebenfalls, dass jeder die Chance hat, anregende, erfreuliche und zum Teil überraschende Dinge auf der Phantasiereise zu erleben.

Dann können Sie noch darauf hinweisen, dass jeder andere Dinge auf seiner Reise erleben, sehen und hören wird. Räumen Sie jedem das Recht ein, nachher alles für sich zu behalten oder das zu berichten, was er oder sie möchte. Betonen Sie nochmals, dass Träume uns manchmal erschrecken, dass Sie hier aber Phantasiereisen ausgewählt haben, die angenehme Erlebnisse ermöglichen. Sagen Sie ruhig voraus, dass die Teilnehmer überrascht sein werden, wie bunt ihre Phantasie ist, welche ungewöhnlichen Perspektiven und Einblicke sie gewinnen werden.

Sagen Sie auch, dass es vorkommen kann, dass jemand bei einer Phantasiereise scheinbar einschläft. Das ist in Ordnung, denn auch dann kann der Betreffende mit seinem unbewussten Geist Ihre Stimme hören und sich weiter davon leiten lassen. Andere werden das Gefühl haben zu träumen. Auch das ist in Ordnung. Wieder andere werden das Empfinden haben, sie wären in einem Kino oder in einem Theater.

Zum Schluss sollten Sie stets den Hinweis geben, dass die Phantasiereise am Ziel angekommen ist und dass jeder in seinem persönlichen Rhythmus mit seiner Aufmerksamkeit zur Gruppe zurückkommen und langsam die Augen öffnen soll.

Auswertung

Bei der Auswertung der Phantasiereisen bieten sich ganz verschiedene Möglichkeiten an:

1. Austausch im Paar, im Trio, im Quartett oder – wenn Zeit ist – im Plenum: Viele Teilnehmer haben den Wunsch, ihre inneren Erlebnisse im Plenum zu erzählen und andere auf diese Weise an ihren wichtigen Erfahrungen teilhaben zu lassen. Das braucht Zeit. In größeren Gruppen können Sie sich helfen, indem Sie in den einzelnen Sitzungen jeweils anderen Teilnehmern Gelegenheit geben, ausführlich von ihrer Phantasiereise zu berichten.

2. Eine anschließende Transformation des Erlebten in ein Gedicht, in eine Geschichte oder in ein Bild: Dieser Transformationsprozess kann in vielen Fällen eine sehr befriedigende Abrundung der Erfahrung sein bzw. eine Weiterführung und Vertiefung. Abzuraten ist von einer Interpretation der Phantasiereisen und von jeder Bewertung.

Hilfen zur Konzentration

In dieser 6. Auflage der «Phantasiereisen» habe ich mich entschlossen, einen Teil der «alten» Imaginationen auszutauschen gegen neues Material, das es den Teilnehmern gestattet, noch intensiver zu entwickeln, was Daniel Goleman «emotionale und soziale Kompetenz» nennt (Daniel Goleman: EQ. *Emotionale Intelligenz*, dtv 1997; ders.: Soziale Intelligenz. *Wer auf andere zugehen kann, hat mehr vom Leben*, Droemer 2008). Alle neuen Phantasiereisen haben nun eine eigene Entspannungseinleitung. Ich habe mich bemüht, jeweils neue, interessante Vorschläge zu machen.

Einige Phantasiereisen haben relativ kurze Entspannungsteile. Wenn es Ihnen wichtig erscheint, können Sie auf die beiden folgenden Konzentrationshilfen zurückgreifen. (Oder Sie wählen aus den vielen weiteren angebotenen Möglichkeiten eine Entspannungshilfe aus.)

1. «Finde eine bequeme Haltung, bei der dein Rücken ganz gerade ist, im Sitzen oder im Liegen. Schließ die Augen. Achte auf deinen Atem. Lass die Luft zuerst deinen Bauch füllen, dann die Brust, bis in beide Lungenspitzen. Lass die Luft leicht hinaus- und wieder hineinströmen… Mach beim Ausatmen ein leises Geräusch ähnlich einem kleinen Seufzer… Dann lass die frische Luft locker hereinkommen, ohne Eile oder Anstrengung… Bemerke, welche Teile deines Körpers mit dem Stuhl, dem Fußboden oder einer anderen Unterlage Kontakt haben… Überall dort, wo der Untergrund dein Gewicht trägt, kannst du dich noch etwas angenehmer tragen lassen. Stell dir vor, dass der Untergrund dir entgegenkommt, um dich zu halten… Dann wirst du spüren, dass du weniger Kraft brauchst, um dich selbst zu halten…»

2. «Gleich werde ich dich bitten, die Augen zu schließen, damit du auf eine Phantasiereise gehen kannst. Wenn du am Ende der Reise angekommen bist, wirst du die Augen wieder öffnen und dich erfrischt und angeregt fühlen. Du kannst dann erzählen, was du gesehen hast. Du kannst auch eine Geschichte dazu schreiben oder ein Bild malen… (Deuten Sie die Möglichkeiten an, die Sie im Auge haben.)

Mach es dir nun so bequem wie möglich. Schließ die Augen, damit du in deinen privaten Raum gehen kannst… Wenn du die Augen geschlossen hast, bist du ganz in deinem eigenen Raum, in den niemand hineinkommen kann außer dir… Du hörst meine Stimme und alles, was du sonst hören willst. Aber du kannst entscheiden, was du hören und was du damit machen möchtest… Mit geschlossenen Augen empfindest du, welche Form dieser private Raum hat, der deinen Körper umgibt und wie er sich anfühlt. An diesem Ort kannst du dich behaglich fühlen, weil er dir gehört… Achte darauf, was in deinem Körper vorgeht… Bemerke, wenn du irgendwo angespannt bist… Spüre deinen ganzen Körper vom Kopf bis zu den Füßen und nimm alles wahr. Wie atmest du? Tief? Mit kurzen Atemzügen?… Atme jetzt ein paar Mal sehr tief ein, wie nach einem schnellen Lauf… Nun atme die Luft geräuschvoll aus… Ich werde dich gleich auf eine Reise in die Phantasie mitnehmen. Du kannst mir dabei folgen und dir alles vorstellen, was ich erzähle… Höre einfach meine Stimme und folge ihr, wenn du magst. Dann kannst du erleben, was dir alles einfällt und wie bunt und vielseitig deine Phantasie ist…»

Sie können die Fähigkeit Ihrer Teilnehmer zur inneren Konzentration und Öffnung sehr unterstützen, wenn Sie sich selbst in eine zur jeweiligen Phantasiereise passende Stimmung bringen. Dann werden Sie leichter einen angemessenen Rhythmus für Ihre Worte finden.

Danksagung

Ich möchte allen danken, die mit Anregungen, Kritik und Verbesserungsvorschlägen zu dieser völlig erneuerten Auflage beigetragen haben.

Klaus W. Vopel

Vorbereitende Übungen

Wenn Sie Ihre Teilnehmer langsam an Phantasiereisen heranführen möchten, dann können Sie die folgenden Übungen dazu benutzen. Viele Kinder und Jugendliche sind spontan in der Lage, uns zu folgen, wenn wir ihre Phantasie hierhin und dorthin lenken. Andererseits gibt es Teilnehmer, die dabei zögern bzw. glauben, «wenig Phantasie» zu haben oder die sich nicht leicht die Erlaubnis zum Phantasieren geben. Diese in ihrer Imaginationslust gebremsten Teilnehmer können hier langsam mit den schöpferischen Gaben ihres Geistes vertraut gemacht werden.

Sie können die hier beschriebenen imaginativen Experimente auch dann gut gebrauchen, wenn Sie mit einer Gruppe untersuchen wollen, wie unsere Phantasie funktioniert. Einzelne wichtige Fähigkeiten unseres Geistes werden hier auf interessante Weise erlebbar gemacht.

Kinderzimmer

Unsere Phantasie mischt fast ständig Erinnerung und Vorstellung. In der Erinnerung taucht Material aus unserer Vergangenheit auf, und wir glauben oft: So war das damals. Meist handelt es sich jedoch nicht um objektive Erinnerungen, sondern um Material mit Beimischungen, Veränderungen, subjektiven Zutaten. In der Phantasie gestatten wir uns noch größere Freiheiten. Wir können eine Vielzahl von Veränderungen vornehmen, deren Reichweite von der Beweglichkeit unseres Geistes abhängt.

In dieser Übung werden historische Erinnerungsbilder mit freien Vorstellungsbildern kombiniert. Die Teilnehmer können bewusst erleben, dass sie in ihrem Geist sowohl Bilder aus dem Gedächtnis als auch aus der freien Imagination entwickeln können.

Glaubst du, dass du viel Phantasie hast?… Weißt du, wie deine Phantasie funktioniert?… Wenn du willst, kannst du mehr darüber herausfinden…

Nimm eine bequeme Stellung ein und schließ die Augen… Geh in deinem Geist zurück und stell dir das Zimmer vor, in dem du als Kind geschlafen hast, als du zur Schule kamst…

Finde dich langsam in diesem Raum zurecht. Stell dir die Wände vor und such sie nach einem Lichtschalter ab… Schalte das Licht bitte an… Sieh dir die Lampe an… Und nun kannst du das Licht ein paar Mal an- und ausschalten und dabei beobachten, wie die Lampe hell und dunkel wird…

Geh nun an einen Tisch. Nimm irgendeinen Gegenstand hoch, z. B. ein Buch oder einen Bleistift… Dreh den Gegenstand in deinen Händen und betrachte ihn dabei… Nun leg den Gegenstand wieder hin…

Stell dir nun vor, dass derselbe Gegenstand wie in einem Traum vor dir emporschwebt, als ob er kein Gewicht hätte. Sieh, wie er an deinen Augen vorbeischwebt und sanft an die Zimmerdecke stößt… Beobachte, wie der Gegenstand zurückschwebt und sanft auf der Oberfläche des Tisches oder des Pultes landet…

Nun kannst du dich umdrehen, bis du auf ein Fenster schaust… Stell dir vor, wie du selbst wie im Traum langsam zum Fenster schwebst, ganz schwerelos, und wie du aus dem Fenster hinausschwebst…

Draußen vor dem Fenster hältst du schwebend inne, um die Umgebung neugierig zu betrachten. Bemerke, was du dort siehst: andere Häuser, Bäume, Straßen, den Himmel…

Immer noch schwebend kannst du nach unten schauen und vielleicht Gras, Gehwege, Straßenpflaster oder anderes bemerken… Und nun schwebe sacht wieder hinab, bis deine Füße festen Boden erreicht haben… Wie fühlt sich der Boden gerade dort an…?

Sag dem Kinderzimmer und dem Haus Adieu und komm mit deiner Aufmerksamkeit hierher in den Raum zurück… Öffne in deinem eigenen Tempo die Augen…

Ballon

Hier wird das Vermögen unseres Geistes betont, Bilder frei zu entwickeln und umzuwandeln. Die Teilnehmer können mit Phantasieobjekten und mit deren Eigenschaften spielen. Sie können erleben, wie sie ihre Imagination kontrollieren und steuern können, hier z. B. in puncto Größe und Farbe des Objektes.

Weißt du eigentlich, was du alles in deinen Taschen hast…? Aber das ist wenig im Vergleich zu dem, was du in deinem Kopf hast. Mit deinem Geist kannst du unendlich viel. Du kannst zum Beispiel mit seiner Hilfe sehen, was und wie du willst. Mach es dir bequem und schließ die Augen…

Stell dir bitte die Hülle eines leeren, roten Luftballons vor… Nun kannst du den Ballon in der Phantasie aufblasen, sodass er schön rund wird. Verschließe ihn mit einem Knoten… Nun wirf ihn hoch in die Luft…

Wenn er in die Nähe der Decke kommt, halte ihn dort an… Nun lass den Ballon anfangen, sich zu drehen, schneller und schneller… Stopp ihn jetzt… Lass ihn nun gegen die Decke prallen… Stopp ihn dort… Lass ihn herabschweben, bis er in Höhe deiner Augen ist…

Nun verändere die Farbe des Ballons, mach ihn gelb… Schau dir das besondere Gelb an, das du ihm gegeben hast… Ändere die Farbe wieder und mach ihn blau…

Lass den blauen Ballon auf dem Boden herumhüpfen… Stopp ihn jetzt… Mach ihn nun größer, bis er ungefähr doppelt so groß wie vorher ist… Nun mach den Ballon ganz klein und schlaff… Lass ihn auf dem Boden zur Ruhe kommen…

Sag dem Ballon Adieu und komm mit deiner Aufmerksamkeit hierher zurück… Öffne in deinem Tempo die Augen…

Vertrauensperson

In den beiden ersten Übungen wurden Objekte visualisiert. Für einige Teilnehmer ist dies für den Anfang am einfachsten. Nun kommen Personen auf die Bühne des Geistes. Auf andere Menschen reagieren wir oft mit starken Gefühlen. Hier ist es zweckmäßig, wenn wir lernen, die mentalen Bilder von wichtigen Personen gelassen zu betrachten, in einem Tempo und aus einer Perspektive, die wir bewusst wählen.

Bist du manchmal überrascht von dem, was ein anderer tut oder sagt…? Möchtest du manchmal jemandem näher sein…?

Ich kann dir einen Weg zeigen, wie du mit einem für dich wichtigen Menschen besser auskommen kannst. – Mach es dir bequem und schließ die Augen…

Wähl dir einen Menschen aus, der dir wichtig ist… Stell dir vor, dass diese Person vor dir steht, ein oder zwei Meter entfernt… Betrachte ihr Gesicht… Erlaube deinen Augen, das Gesicht der Person abzutasten, so als ob die Person wirklich vor dir steht… Bemerke die Farbe der Augen, der Haut, des Haares… Betrachte die Form des Mundes, der Nase, des Kinns…

Studiere den ganzen Körper der Person, die Körperhaltung, wie sie gekleidet ist…

Nun stell dir vor, dass die Person etwas tut, was du schon häufig beobachtet hast… Bemerke, wie sich die Arme bewegen, wie die Person ihren Körper hält…

Stell dir vor, dass die Person am Telefon spricht. Beobachte ihren Gesichtsausdruck… Höre ihre Stimme, höre, was sie sagt. Beachte den Klang, den Tonfall und die Lautstärke der Stimme… Beobachte die Person, wie sie das Gespräch beendet…

Sag der Person jetzt Adieu und komm mit deiner Aufmerksamkeit wieder hierher zurück in einem Tempo, das zu dir passt…

Sich selbst sehen

In dieser Übung sollen die Teilnehmer sich selbst sehen. Das ist für viele nicht einfach. Häufig haben Kinder, Jugendliche und Erwachsene kein klares inneres Bild davon, wie sie aussehen. Wenn das sehr ausgeprägt ist, kann ein Spiegel helfen, den Sie im Gruppenraum aufhängen.

Bei der Konfrontation mit unserem Äußeren können viele Gedanken aufkommen: Sehe ich liebenswert aus? Sehe ich gut aus? Bin ich groß genug? Alle unsere Befürchtungen, Selbstzweifel, Wünsche und Hoffnungen können sich melden und den schlichten Vorgang einer Visualisierung komplizieren. Und gerade für Teilnehmer, die sonst gute Beobachter sind und lebhafte Vorstellungsbilder produzieren, kann dies schwierig sein. Denn hier muss der Beobachter sich selbst beobachten und sein Bewusstsein vom eigenen Körper trennen. Es kann erleichternd sein, wenn Sie die Teilnehmer dann einen Doppelgänger visualisieren lassen oder sich selbst in einer Situation mit anderen Menschen oder Objekten.

Wir haben viele Bilder im Kopf: von unserer Familie, unseren Freunden, von Gegenständen und Plätzen. Manchmal fehlt dort ein Bild von uns selbst.

Jeder kann gleich versuchen, sich selbst in der Phantasie zu sehen.

Setz dich bequem hin und schließ die Augen… Nimm zunächst in Gedanken einige Fotos von dir zur Hand und sieh, wie du dort abgebildet bist, allein, mit Familienmitgliedern oder mit Freunden. Das können Fotos aus ganz verschiedenen Zeiten deines Lebens sein…

Leg die Bilder nun bitte zur Seite und sieh dich selbst vor deinem inneren Auge… Betrachte dein Gesicht. Bemerke Haar, Augen, Nase und Mund… Betrachte deinen Körper: Hände und Arme, Füße und Beine, Brust und Bauch…

Stell dir nun vor, dass du etwas machst, was du häufig tust… Schau dir dabei zu… Betrachte deine Bewegungen, die Art, wie du deinen Körper hältst…

Stell dir nun vor, wie du am Telefon sprichst. Höre deiner Stimme zu, deinem Tonfall, wenn du etwas sagst…

Nun sag dir selbst Adieu und komm mit deiner Aufmerksamkeit wieder hierher zurück in deinem persönlichen Tempo…

Ein schöner Augenblick

Wenn wir mit unserer Vorstellungskraft und Phantasie arbeiten, spielt das Sehen eine besondere Rolle. Je mehr wir allerdings alle Sinne dabei benutzen, desto reicher und intuitiver kann unsere Imagination werden. In dieser Übung werden zum Sehen und Hören noch andere sinnliche Modalitäten hinzugezogen. Der von Ihnen zur Verfügung gestellte Rahmen verschafft den Teilnehmern ein angenehmes Erlebnis. Wenn sie aus der Phantasie zurückkehren, fühlen sie sich gut und ausgeruht.

In unserer Phantasie können wir Bilder sehen und Worte hören. Wir können aber auch Dinge spüren, schmecken und riechen. Und wenn wir irgendwo sind, wo es uns nicht gefällt, wenn wir uns erschöpft oder leer fühlen, dann können wir uns in unserer Phantasie eine angenehme und erfrischende Umgebung schaffen, indem wir alle Sinne benutzen.

Nimm eine bequeme Position ein und schließ die Augen…

Stell dir irgendeinen Platz vor, an dem du dich stark, glücklich und behaglich gefühlt hast… Vielleicht fällt dir ein Aufenthalt im Gebirge oder am Meer ein. Oder du erinnerst dich an eine besonders erfreuliche Zeit zu Hause. Wähle eine Situation aus, die besonders schön für dich war, eine Gelegenheit, bei der du dich so richtig gut gefühlt hast…

Bemerke deine Umgebung. Wenn du am Meer bist, bemerke die besondere Art des Uferstreifens, das Wasser, den Himmel. Wenn du im Gebirge bist, bemerke die Felsen, die Pflanzen, den Himmel. Wo immer du bist, achte auf alle Einzelheiten deiner Umgebung, wie das Licht auf dem Wasser tanzt, durch die Bäume oder Fenster fällt… Bemerke die Temperatur der Luft, die Festigkeit oder Weichheit des Bodens…

Bemerke, wie die Luft deine Haut berührt… Spüre, wie sich der Untergrund für deinen Körper anfühlt, für deine Füße oder für deinen Rücken…

Rieche die Düfte in der Luft… den Salzgeruch des Meeres, das Aroma von Erde oder Pflanzen oder – falls du in einem Gebäude bist – den besonderen Geruch des Raumes oder des Hauses…

Und was kannst du hören?… Bemerke die Geräusche von Wind und Wasser, das Rauschen der Blätter oder die Stimmen der Vögel. Und wenn du in einem Haus bist, höre auf die typischen Geräusche des Raumes…

Erinnere dich, wie du dich damals gefühlt hast, die warme Schwere in Armen und Beinen, das leichte Auf und Ab deiner Brust beim Atmen… Und gestatte dir, die Erinnerung an diesen schönen Augenblick noch einmal zu erleben… (1 Min.)

Nun komm mit deiner Aufmerksamkeit wieder hierher zurück und öffne die Augen…

Körper

Unsere Vorstellungen beeinflussen fast immer auch unseren Körper: Herzschlag, Blutdruck und Durchblutung ändern sich, wenn sich die Bilder in unserem Geist ändern.

Wir können uns auch vorstellen, dass unsere körperlichen Prozesse sich ändern. Und diese Vorstellung kann ebenfalls eine körperliche Auswirkung haben, wie diese einfache Übung zeigt.

Manchmal möchten wir unseren Körper bei seiner Arbeit unterstützen. Wenn wir zum Beispiel krank sind und wieder gesund werden möchten, oder wenn wir besondere sportliche Ziele anstreben und dabei auf Schwierigkeiten stoßen.

Oft können wir dem Körper helfen, indem wir unseren Geist auf den Körper und seine Aufgaben einstellen. Willst du sehen, wie dein Körper antwortet?

Mach es dir bequem und schließ die Augen…

Halte bitte beide Arme ausgestreckt nach vorn… Stell dir vor, dass die linke Hand schwer und immer schwerer wird… Du kannst dir vorstellen, dass sie sich anfühlt, als wäre sie aus Blei… Du kannst dir auch vorstellen, dass irgendein schwerer Gegenstand auf der linken Hand liegt, zum Beispiel ein Buch. Spüre das Gewicht…

Und nun stell dir vor, dass die rechte Hand sich ganz leicht anfühlt. Lass ein Band an deinem rechten Handgelenk befestigt sein, das an einen aufwärts strebenden Luftballon geknüpft ist… Spüre den leichten Zug des Ballons an deinem rechten Handgelenk…

Und nun öffne die Augen…

(Die meisten Teilnehmer können feststellen, dass die linke Hand tiefer gesunken ist, während die rechte Hand sich nach oben gehoben hat. Oft bemerken die Teilnehmer diese Bewegung der Hände bereits, wenn die entsprechenden Instruktionen gegeben werden.)

Geistiger Raum

In den bisher vorgestellten Übungen werden die Imaginationen weitgehend bewusst gesteuert. Die Teilnehmer sind zum Beispiel bewusst Ihrer Anregung gefolgt und haben einem Ballon eine rote, gelbe oder blaue Farbe gegeben.

Jetzt können sie Erfahrungen mit Phantasiebildern machen, die nicht gesteuert werden, sondern spontan entstehen.

Warst du schon einmal im Arbeitszimmer eines Schriftstellers?… Eines Naturwissenschaftlers?… Im Studio eines Malers oder Bildhauers?…

Wie muss ein Raum sein, in dem du gut geistig arbeiten kannst?…

Du kannst dir gleich selbst ein Geschenk machen, indem du dir einen inneren Raum schaffst, der dir für deine geistige Arbeit einen angenehmen Rahmen gibt und der keinen Cent Miete kostet.

Mach es dir bequem und schließ die Augen… Bei dieser Übung brauchst du nichts zu planen oder zu kontrollieren. Alles, was nötig ist, wird deine eigene Phantasie für dich tun. Du kannst in Ruhe abwarten…

Stell dir nun einen Platz oder einen Raum vor, wo du in deiner inneren Welt, in deinem Geist, gut arbeiten kannst.

Sieh dich zunächst selbst an diesem Platz. Vielleicht kannst du den ganzen Raum mit einem Blick erfassen, vielleicht siehst du ihn nach und nach. Schau dich um… Bemerke, wo du bist… Bemerke, ob du im Freien oder im Innern eines Gebäudes bist… Wenn du in einem Raum bist, betrachte Wände, Türen, Fenster. Stell fest, aus welchem Material alles ist. Schau an die Decke, auf den Boden, auf Teppiche und Möbel… Wenn du im Freien bist, stell fest, wo du bist. Bist du auf einer Lichtung im Wald, auf einer Wiese, in einer Höhle?… Schau aufmerksam auf Bäume, Pflanzen, Felsen…

Finde einen bequemen Platz, wo du sitzen kannst… Vielleicht stellst du zu deiner Überraschung fest, dass die Umgebung mit Pflanzen bewachsen ist, obgleich der Platz im Innern eines Gebäudes liegt.

Oder es überrascht dich, dass du im Freien einen bequemen Sessel vorfindest...

Du bist ganz frei, all das zu sehen, was deine Phantasie für dich aussucht. Vielleicht endeckst du Gegenstände aus fremdartigem Material, das du nie zuvor gesehen hast. Vielleicht siehst du Dinge, die herumschweben, ohne dem Gesetz der Schwerkraft zu folgen...

Erforsche diesen inneren Platz, bis du ihn gut kennengelernt hast...

Es gibt verschiedene Dinge, die man an einem inneren Arbeitsplatz nützlich findet, und du kannst sie dir vorstellen, wenn du das möchtest. Vielleicht hast du auch schon einige solcher Gegenstände bemerkt. Dazu kann zum Beispiel eine Uhr gehören, ein PC oder eine Wandtafel. Vielleicht möchtest du auch einen Berater oder Anleiter, der dir einige Fragen beantworten kann...

Wenn du dir einen Berater vorstellst, bemerke, wie er oder sie aussieht, wie die Person gekleidet ist. Du kannst diese Person auch nach ihrem Namen fragen und dich mit ihm oder ihr unterhalten...

Schau dich gut um und betrachte alles, was du an diesem inneren Arbeitsplatz gern vorfinden möchtest. Dies ist ein Platz, an den du immer zurückkehren kannst, wenn du es willst, um zu arbeiten, nachzudenken oder um dich einfach wohlzufühlen...

Die Phantasiereisen

Am Ozean

In dieser Phantasie reisen die Kinder ans Meer und genießen Wasser, Wind und Sonne. Sie spüren ihren Körper, sie entspannen und erfrischen sich und stärken ihre Freude am Leben.

Mach es dir auf deinem Platz bequem und schließ die Augen. Stell dir vor, dass du auf eine schöne brennende Kerze schaust. Kannst du die Flamme sehen? Warte einen Augenblick ab, bis die Flamme ruhig und hell strahlt. Und nun hol einmal tief Luft und blas die Kerze in deiner Phantasie aus.

Nun stell dir noch einmal eine Kerze vor, aber lass sie diesmal doppelt so dick sein, mit einer noch größeren und helleren Flamme. Und stell dir rechts und links davon noch je eine weitere Kerze vor, sodass du im Ganzen auf drei Kerzen schaust. Alle gleich hoch und gleich dick. Warte wieder ab, bis die Flammen ruhig und gleichmäßig brennen. Vielleicht kannst du sogar die Wärme der Flammen spüren.

Gleich kannst du probieren, mit einem einzigen Atemzug alle drei Kerzen auszublasen. Hol tief Luft und puste dann so kräftig, dass die Flammen verlöschen. Ich lade dich jetzt zu einer Reise an einen wunderschönen Strand ein…

Achte auf deine Umgebung… Sand oder Felsen oder Gras… vielleicht gibt es auch Bäume zu sehen… und vielleicht sind auch andere Menschen dort am Strand… ganz wie du möchtest… Über dir der Himmel… Wolken… ein Windhauch, ganz so, wie du es gern hast… und Wellen, die ans Ufer branden…

Such dir eine Platz, wo du deine Decke oder dein Handtuch ausbreiten kannst und geh dann weiter in Richtung Wasser… Spüre die Wärme und die weiche Luft an diesem schönen Tag… Und während du das alles spürst, empfinde auch, wie sich der Boden unter deinen Füßen anfühlt…

Richte nun deine Aufmerksamkeit auf das Wasser und auf die Wellen und sieh dich um, ob da ein paar Möwen unterwegs sind… Vielleicht möchtest du auch den Strand entlanggehen… Kannst du die salzige Luft riechen oder schmecken?… Spürst du den sanften Wind auf deinem Gesicht und den Schultern?… Hörst du das Rauschen der Brandung am Ufer?…

Entscheide dich, ob du ins Wasser gehen möchtest und wenn ja, bemerke, wie sich dein Körper anfühlt, wenn du tiefer und tiefer ins Wasser gehst. Vielleicht hast du Lust, etwas herumzuschwimmen… im Wasser zu plantschen… Spüre, wie das ist, wenn auch dein Kopf untertaucht… Spüre alles… jede Bewegung, die du im Wasser machst…

Und diejenigen, die beschlossen haben, nicht ins Wasser zu gehen, die können sich hinsetzen und das Meer beobachten… die Wellen… und alles, was sie interessiert…

Jetzt ist es Zeit, dass du zu dem Platz zurückgehst, wo du deine Sachen gelassen hast… Kannst du die Sonne auf deinem Rücken spüren… auf deinen Schultern… auf deinem Gesicht?… Wie fühlen sich deine Füße und Beine an, wenn du über den Sand gehst?… Kehre zu deiner Decke oder zu deinem Handtuch zurück und setz dich darauf… Während du das tust, bemerkst du, wie durstig du bist… Schau dich also um und entdecke ein Gefäß mit einem kühlen Getränk… Bring das Getränk an deine Lippen und nimm einen großen, kühlen Schluck und spüre all die Empfindungen in deinem Mund und in deiner Kehle, während du trinkst… (10 Sek.)

Wenn du willst, trink das Gefäß aus und leg dich auf den Rücken… Du kannst nun für eine Weile die Augen schließen und deine Gedanken wandern lassen. Beobachte deine Gedanken und die Bilder, die sich einstellen… wie in einem Kurzfilm… (1 Min.)

Nun ist es Zeit, dass du mit deiner Aufmerksamkeit auf die Decke oder auf das Badetuch am Strand zurückkehrst… Spüre den Boden unter deinem Körper… Spüre auch Sonne, Wind und die Geräusche des Meeres…

Und jetzt bereite dich bitte darauf vor, hierher in diesen Raum zurückzukehren… Atme ein Mal tief aus und öffne in deinem Rhythmus die Augen… Sei wieder hier, erfrischt und wach.

Ein gutes Gefühl

Wenn wir uns entspannen und konzentrieren möchten, dann brauchen wir nur auf unseren Atem achten. Gleich fühlen wir uns vital und präsent. Und das ist für alle erfreulich: für Kinder, Jugendliche und Erwachsene.

Mach es dir auf deinem Platz bequem und schließ die Augen… Halte deinen Rücken schön gerade und lass deine Aufmerksamkeit nach innen in deinen Körper gehen… Bemerke, wie sich dein Körper anfühlt… Möchte dein Körper noch ein wenig hin und her rücken, um eine bequeme Position zu finden?…

Nun hol einmal tief und vollständig Luft, und wenn deine Lunge gut gefüllt ist, zähle still bis vier… Atme dann aus und dehne die Pause am Ende des Ausatmens aus, indem du wiederum bis vier zählst… Dann atme wieder ein und halte den Atem an… Atme aus und halte den Atem an…

Und noch einmal: Tief einatmen und halten… Hörbar ausatmen… So machst du es gut… Nun erlaube einfach deinem Körper, in seinem eigenen Tempo weiterzuatmen und spüre, wie behaglich und wie entspannt du dich mit jedem neuen Atemzug fühlst… locker, wach und ruhig…

Stell dir nun vor, dass tief in dir ein kleines Licht zu sehen ist… Es leuchtet ganz hell… Es ist dein eigenes, besonderes Licht und es kann dir helfen, wenn du dich entspannt, ruhig und warm fühlen möchtest… Und während du jetzt dieses Licht beobachtest, wird es größer und größer… Mit jedem Atemzug wird das Licht heller und größer… Allmählich füllt es deinen ganzen Körper mit einem warmen Leuchten an… Sein wunderbares, warmes Leuchten erfüllt deinen ganzen Körper und findet jede Stelle, die etwas Aufmerksamkeit braucht, damit du dich dort ebenfalls behaglich fühlen kannst. Wo überall sind solche Stellen in deinem Körper? Wo kann die Wärme des Lichts dir helfen, dass du dich besser fühlst? Während das warme Licht dich mehr und mehr erfüllt, wirst du dich immer besser fühlen… warm… ruhig…

und wach… Das ist ein Geschenk des warmen Lichts, das ganz allein dir gehört und dir hilft, dich rundum wohlzufühlen.

Das hast du gut gemacht… Lass jetzt ganz langsam diese Bilder verschwinden. Lass sie einfach gehen, denn du kannst sie wieder herbeirufen, wenn du das möchtest.

Atme jetzt ein Mal tief aus und reck und streck dich ein wenig… Öffne in deinem eigenen Rhythmus die Augen und sei wieder hier, erfrischt und wach.

Die Hängematte

Die rhythmische Bewegung einer Hängematte kann uns ein tiefes Empfinden von Frieden und Entspannung schenken. Einige von uns erinnern sich dabei an die Wiege, die sie in den ersten Lebensmonaten behütet und getröstet hat. Eine so tiefe Entspannung macht uns empfänglich für die Wahrnehmungen unserer fünf Sinne.

Mach es dir auf deinem Platz bequem und schließ die Augen. Balle deine linke Hand zu einer Faust und benutze gleich deine rechte Hand, um deiner linken Seite Entspannung zu schenken. Atme zwei Mal tief aus und beginne dann, die linke Hand zu öffnen. Fang beim kleinen Finger an. Wieder zwei Mal tief ausatmen, dabei kommt der Ringfinger an die Reihe... Wieder zwei Mal tief ausatmen, und nun öffnest du den Mittelfinger... Bemerke dabei, dass du dich bei jedem Finger ein wenig mehr entspannst...

Und wieder zwei Mal tief ausatmen... Jetzt ist der Zeigefinger an der Reihe. Atme ganz normal weiter und bewege dabei alle Finger deiner linken Hand... Und nun auch die Finger deiner rechten Hand.

Stell dir jetzt bitte vor, dass du auf einer warmen, tropischen Insel bist... Du liegst in einer Hängematte, die zwischen zwei Palmen aufgespannt ist... Während du sanft hin- und herschwingst, kannst du auf das Meer hinaussehen, das mit jedem Schwung der Hängematte seine Farbe zu ändern scheint. Blau und grün und türkis und violett... Ständig scheinen die Farben zu wechseln...

Wie bist du gekleidet?... Wie fühlst du dich in deiner sanft schaukelnden Hängematte?... Schau ab und zu nach oben in die Palmen, die dich vor den heißen Strahlen der Sonne schützen...

Höre, wie die Brandung rauscht, wenn die Wellen auf den Sandstrand auftreffen...

Höre auch, wie der Wind vom Meer in den Palmwedeln flüstert... Schmecke das Salz in der Luft und lecke die winzigen Salzkristalle von deinen Lippen...

Genieße einfach die Möglichkeit, nichts zu tun, nur hin- und herzuschaukeln und zu träumen. Wenn du willst, kannst du dir in dieser Stunde einen besonderen Traum schenken lassen, der nur für dich ist und der dir etwas gibt, was du vielleicht nicht erwartet hast... ein Abenteuer... eine Erinnerung... die Begegnung mit einem Freund... den Blick in deine persönliche Zukunft... (1 Min.)

Merke dir diese Stelle auf der tropischen Insel gut... die Palmen und die Hängematte und die Gelegenheit zum Träumen. Du kannst immer wieder hierher zurückkehren an diesen Platz, wo schöne Träume auf dich warten...

Jetzt ist es an der Zeit, Abschied zu nehmen und hierher zurückzukehren... Reck und streck dich ein wenig und öffne in deinem eigenen Rhythmus die Augen. Sei wieder hier, erfrischt und wach.

Die Rose

Diese sehr poetische Phantasiereise gibt den Teilnehmern Gelegenheit, sich auf angenehme Weise zu entspannen. Zugleich können sie üben, auch andere Sinne einzubeziehen. Eine schöne Übung für graue Tage!

Möchtest du dich erfrischen und in eine angenehme Stimmung bringen?... Dann nimm eine bequeme Haltung ein, am besten flach auf dem Boden, und schließ die Augen... Mach es dir ganz bequem... Während du so behaglich daliegst, kannst du dir all die Blumen und Blüten einfallen lassen, die du im Leben bisher gesehen hast, die du in den Händen gehalten und deren Duft du eingeatmet hast...

Und wenn du all diese Blumen wiedersiehst und vielleicht auch die Bilder neuer Blumen, kannst du deinen Körper entspannen und schön ruhig und locker werden...

Du kannst sanft in den Boden einsinken wie in eine weiche Wiese, bequem dabei einatmen und ausatmen, einatmen, ausatmen...

Nun kannst du dich immer behaglicher fühlen und deinen ganzen Körper spüren. Mit jedem Atemzug gewinnst du Leichtigkeit und Lebendigkeit. Und du kannst dabei auf meine Stimme hören, dein ganzer Körper kann sehr genau zuhören und sich leicht entspannen und darauf achten, was meine Stimme sagt, genauso leicht, wie du die Bilder der Blumen sehen kannst, die jetzt schon aufgetaucht sind und die immer weiter auftauchen werden...

Wenn du möchtest, kannst du dich nun daran erinnern, dass unter all den Blumen, die du gesehen hast, auch Rosen waren... Und da war eine besonders schöne Rose. Wenn du möchtest, kannst du den Duft dieser Rose jetzt ganz zart riechen, sehr leicht... Du liegst einfach da mit geschlossenen Augen und spürst den Duft der Rose. Du genießt den Duft, der immer kräftiger wird, während er in deine Nase steigt...

Bleib nun für eine Weile so liegen, langsam einatmen und ausatmen, ein und aus, und mit der Rose verbunden durch ihren immer kräftiger werdenden Duft...

Vielleicht wirst du bemerken, wenn meine Stimme gleich schweigt, wie der Duft der Rose einen deutlichen und sehr zarten Ton erzeugt, den du hören kannst. Und nun sieh und höre den Duft für eine Weile... (30 Sek.)

Du kannst zu diesen Empfindungen in dir zurückkommen, wann immer du möchtest.

Sag nun der Rose Adieu und kehre mit deiner Aufmerksamkeit hierher zurück, mit einem ruhigen und wachen Gefühl, und öffne deine Augen JETZT...

Frei sein und laufen

Wir fordern die Teilnehmer auf, sich in ein Tier ihrer Wahl zu verwandeln. Das ist eine indirekte Erlaubnis, die Lebensfreude und Vitalität dieses Tieres zu spüren und auszudrücken. Auch Kinder und Jugendliche sind heute allzu früh vom Kopf gesteuert und von der Welt körperlicher Empfindungen abgekoppelt. Hier setzen wir den Körper wieder in sein natürliches Recht ein.

Mach es dir auf deinem Platz bequem und schließ die Augen. Entspanne deinen Körper und überlass es deinem Atem, ebenfalls zu deiner Entspannung beizutragen. Entscheide selbst, an welcher Stelle du deine Augen schließen möchtest.

Nun achte bitte auf all die Geräusche, die deine Ohren erreichen… Bemerke auch die Hintergrundgeräusche, die wir normalerweise ignorieren. Du musst mit deiner Aufmerksamkeit nicht nach den Geräuschen suchen, lass sie von selbst den Weg zu dir finden, von allen Richtungen, laute und leise, und bemerke den Punkt, wo sie verklingen… (30 Sek.)

Ab und zu kannst du versuchen, ein neues Geräusch in dem Augenblick zu bemerken, in dem es entsteht…

Genieße einfach die Klangfarbe und die besondere Beschaffenheit der Geräusche… Höre ihnen zu, als wären sie Musik… Genieße auch die kleinen Pausen zwischen den Geräuschen und ruh dich auf diesem Klangteppich aus, der dich mehr und mehr entspannt… So einfach kann das sein: Du hörst einfach zu … (1 Min.)

Stell dir nun vor, dass du irgendwo auf dem Lande bist… Schau dich um… Wie sieht die Landschaft um dich herum aus?… Du siehst in der Ferne irgendetwas, was sich schnell bewegt, und dieses Etwas kommt näher und näher heran. Du erkennst, dass es ein Tier ist… Was für ein Tier kannst du sehen?… Beobachte es eine Zeit lang… Mit welchen Gefühlen begrüßt du dieses Tier?…

Du kannst nun in deiner Phantasie ein kleines Experiment machen: Versuche dich für eine kurze Weile in dieses Tier zu verwandeln…

Wie fühlt es sich an, wenn du dieses Tier bist, das über das Land läuft?… Wie gefällt dir der freie Raum?… Lauf weiter und wähle die Geschwindigkeit, die dir jetzt gefällt… Entscheide, wohin du laufen möchtest… Was empfindest du in deinem Körper, wenn du dich auf diese Weise bewegst?… Wie atmest du bei dieser Art der Bewegung?… Gestatte deinem Körper, das zu tun, was er tun möchte…

Ist es gut, für dich allein zu laufen oder möchtest du gemeinsam mit einem anderen oder mit mehreren Tieren laufen?… Die Natur ist bereit, dir diesen Wunsch zu erfüllen, entweder allein oder mit anderen gemeinsam deine Freiheit zu genießen… (1 Min.)

Jetzt ist es Zeit, dass du wieder du selbst wirst… Schau zu, wie das Tier und vielleicht auch seine Freunde weglaufen und in der Ferne verschwinden.

Atme ein Mal tief aus und öffne dann in deinem eigenen Rhythmus die Augen… Bring das Gefühl von Kraft und Wachheit hierher in diesen Raum. Sei wieder hier, erfrischt und belebt…

Anmerkung: Hier bietet es sich an, das Tier in seiner natürlichen Umgebung zu malen oder das Erlebnis in einem Text festzuhalten.

Sich selbst sehen

Speziell für kleinere Kinder ist dies eine angenehme Phantasiereise. Sie verbindet den Wunsch der Kinder nach einer von Erwachsenen nicht kontrollierten, eigenen Sphäre mit ihrem Interesse an Zauberei und den geheimnisvollen Vorgängen in ihrem Körper.

Bei späteren Gelegenheiten können Sie die Kinder auffordern, eine Weile an diesen geheimen Platz in ihrer Phantasie zu gehen. Besonders dann, wenn die Gruppe gestresst und aufgeregt ist, kann die Aktivierung des geheimen Platzes sehr hilfreich sein.

Wo ist dein Lieblingsplatz, wenn du dich verstecken willst?... Wo ist der Lieblingsplatz deines Freundes, deines Bruders oder deiner Schwester zum Verstecken?...

Kennst du Plätze, an denen sich Erwachsene verstecken?...

Du kannst dir gleich einen neuen Platz zum Verstecken suchen. Setz dich bequem hin und schließ die Augen... Fang nun an, in deinem Körper einen Platz zu suchen, wo du dich verstecken kannst. Stell dir vor, dass du sehr, sehr klein bist...

Wie kannst du in deinen Körper gelangen?... Schau dich um, sobald du im Innern deines Körpers bist. Wenn es zu dunkel ist, nimm eine kleine Lampe zur Hand, mit der du alles beleuchten kannst, was du sehen möchtest...

Welche Farben siehst du?... Hörst du irgendwelche Geräusche?... Das Rauschen deines Blutes? Das Gluckern deines Magens? Die Bewegung deiner Gelenke? Das Rauschen deines Atems?...

Suche verschiedene Plätze, wo du dich in deinem Körper verstecken kannst. Untersuche auch, wie sich diese Plätze anfühlen. Schön warm? Trocken? Weich? Feucht?...

Wo könntest du dich sonst noch in deinem Körper verstecken?... Wo noch?...

Wie kommst du von einer Stelle deines Körpers zur nächsten? Lässt du dich vom Blut durch die großen Adern tragen? Gehst du durch die Muskeln? Wie kommst du voran?...

Geh an den Platz, wo du dich am liebsten verstecken möchtest…
Schau dich in deinem Versteck im Innern deines Körpers um. Wie fühlst du dich dort?…

Komm nun ganz langsam aus deinem Versteck und öffne die Augen… Komm zu uns anderen hier im Raum zurück…

Erzähl uns nun, wenn du magst, wo du warst… Wie wirkt dieser Platz jetzt auf dich, wo du gerade aus deinem Versteck kommst?…

Heilendes Wasser

Dass Wasser uns besonders guttun kann, ist eine alte Einsicht der Volksmedizin. Unser Gehirn funktioniert nur dann richtig, wenn wir genügend Wasser getrunken haben. Wenn wir Medikamente einnehmen müssen, dann hilft uns dabei ein Schluck klares Wasser. Und mancher, der an einer ernsten, chronischen Krankheit leidet, hat schon mit dem Gedanken gespielt, eine Pilgerreise zu einer der heiligen Quellen zu unternehmen, z.B. nach Lourdes.

Wenn es uns einmal nicht gut geht, wenn wir erschöpft oder krank sind, wenn wir uns verletzlich fühlen, dann fallen uns vielleicht jene Kuscheltiere ein, die früher unseren Schlaf begleitet haben…

Du kannst dir von einem Kuscheltier jederzeit in eine wohltuende Entspannung helfen lassen… Stell dir vor, dass du dein Lieblingskuscheltier im Arm hältst… Was möchte dein Kuscheltier, wenn es müde ist?… Halte es so, wie es das gern hat… Achte darauf, dass auch der Kopf des Kuscheltiers gut unterstützt ist… Vielleicht möchte das Kuscheltier sanft gestreichelt werden… Kommt es so zur Ruhe?… Hilf ihm, dass es sich entspannen kann… Manche Kuscheltiere werden gern am Bauch gekrault… ganz zart und liebevoll… Und denk auch an die Füße und den Rücken… So kann das Kuscheltier sich mehr und mehr entspannen und die Tür zu seinen Träumen öffnen… Wenn du willst, kannst du es auch in deinen Armen wiegen… Vielleicht möchtest du ihm deine Lieblingsmelodie vorsummen, oder ein Schlaflied… Das ist so ein gutes Gefühl… so beruhigend… so wohltuend auch für dich, wenn du liebevoll für dein Kuscheltier sorgst…

Und nun bist du wahrscheinlich schon angenehm entspannt, sodass es dir leicht fällt, die Augen zu schließen…

Stell dir vor, dass du am Rand eines kleinen Teiches stehst, der in der Mitte so tief ist, dass man darin schwimmen kann. Der Teich wird von einer heißen Quelle gespeist, die an seinem Grund aus dem Boden kommt… Von der Oberfläche des Wassers steigt Dampf auf… Schau dich um, was du in der Umgebung des Teiches sehen kannst… Rieche und schmecke den Dampf in der Luft… Welche Geräusche kannst du hören?… Und wie gefällt es dir an diesem Platz?…

Das Wasser in dem Teich ist berühmt, weil es über heilende Kräfte verfügt. Vielleicht möchtest du seine heilende Kraft testen und in das Wasser gehen. Du fühlst dich dabei ganz sicher… Auf diese Weise kannst du herausfinden, ob dir dies guttut… Aber wenn du willst, kannst du auch am Ufer des Teiches bleiben und dich von den warmen Dämpfen verwöhnen lassen…

Doch wenn du dazu bereit bist, geh nun dort in das Wasser, wo du noch stehen kannst… Spüre das warme Wasser um deinen Körper herum… Atme den warmen Dampf ein, der zu deinem Kopf empor-steigt… Bitte das heilende Wasser, dir Gesundheit zu schenken… Wie fühlst du dich hier?… Wenn du Lust hast, kannst du dich auf den Rücken legen und ohne Anstrengung im Wasser treiben lassen… Lass deine Muskeln durch die Wärme locker werden… Lass die heilenden Kräfte überall in deinen Körper einsinken und dir Wohlbefinden und Gesundheit schenken: deinen inneren Organen, deiner Lunge, deinem Magen, deinem Herzen, und allen Körperteilen, die eine Erfrischung oder eine Heilung gut gebrauchen können.

Merke dir gut, wie der Teich aussieht, damit du ihn später wieder aufsuchen kannst. Bedank dich auch bei der Quelle und bei den Schutzgeistern, die diesen heiligen Platz bewachen. Gib ihnen Gelegenheit, dir zum Abschied eine Botschaft mitzugeben, mit Worten, aber vielleicht auch auf irgendeine andere Weise, die du verstehen kannst.

Und nun atme ein Mal tief aus und öffne dann in deinem eigenen Rhythmus die Augen. Sei wieder hier, erfrischt und wach.

Anmerkung: Hier eignet sich zur Intensivierung eine spezielle Metho-de des kreativen Schreibens. Die Teilnehmer können einen Dialog zwischen Kopf und Körper bzw. zwischen Körper und Quelle auf-schreiben. Der Dialog bezieht sich naturgemäß auf Aspekte der Gesundheit, eine vernünftige Lebensführung, auf Probleme der Gene-sung bzw. auf den Umgang mit einer chronischen Erkrankung.

Ein Geschenk finden

Wir stellen uns vor, dass irgendeine höhere Macht, das Schicksal, ein Engel oder die Natur uns eine Botschaft oder ein Überraschungsgeschenk zukommen lässt. Es gibt immer irgendetwas, was wir im Augenblick gut gebrauchen können und häufig sehnen wir uns sogar danach. Unsere Intuition weiß, was uns guttut und so kommt es, dass diese Art von imaginären Geschenken fast ausnahmslos als besonders wertvoll empfunden wird.

Stell dir eine kleine Feder vor. So zierlich und fein, wie die Brustfeder von einem Singvogel. Von dieser Feder kannst du dir helfen lassen, dich zu entspannen. Setz dich einfach ganz gerade hin, schließ die Augen und stell dir vor, dass von oben eine kleine Feder herabgeschwebt kommt. Gib ihr eine Farbe, die dir gefällt, die dir hilft, sie zu erkennen. Sorge dafür, dass die kleine Feder nicht gleich zu Boden fällt… Sorge für sie, indem du ganz zart pustest und sie wieder nach oben steigen lässt. Benutze deinen Atem, um die Feder vor dir und über dir in der Luft tanzen zu lassen… Jedes Mal, wenn du deinen Atem hinausbläst, kann sich dein Körper besser entspannen, kann dein Geist mehr und mehr zur Ruhe kommen… Du hast nichts weiter zu tun, als diese kleine Feder zu betreuen… (1 Min.)

Lass nun das Bild der Feder vergehen und bitte deine Phantasie, dich auf einen kleinen Ausflug in die Natur zu begleiten… Sei auf einer Wiese an einem wunderschönen Tag, mit viel Sonnenschein und blauem Himmel…

Überall auf der Wiese sind Blumen… Ihr Duft steigt dir in die Nase… Am Rand der Wiese stehen hohe Bäume und ganz in der Nähe gibt es einen kleinen Fluss… Vielleicht kannst du das Wasser schon hören, wenn es über die Steine im Fluss fließt oder gegen die Uferböschung rollt…

Spaziere ein wenig über die Wiese… Genieße die warme Sonne auf deinem Gesicht und das weiche Gras unter deinen Füßen. Mehr und mehr ahnst du, dass du irgendwo auf dieser Wiese etwas finden wirst… Du weißt zwar nicht an welcher Stelle, aber du bist dir sicher, dass es so ist: Hier gibt es ein ganz spezielles Geschenk für dich… Du beginnst es zu suchen. Du vertraust darauf, dass deine Füße dich an die Stelle führen werden, wo dein Geschenk auf dich wartet…

Und tatsächlich entdeckst du dein Geschenk!… Vermutlich ist es eingepackt. Du hebst es auf und nimmst es aus seiner Verpackung heraus…

Wenn jemand aus irgendeinem Grund sein Geschenk nicht entdecken kann, dann hat er das Recht, sich ein Geschenk zu wünschen… Und auch dieses gewünschte Geschenk muss dann ausgepackt werden…

Betrachte nun dein Geschenk ausführlich… Schau es dir von allen Seiten an… Rieche daran… und finde heraus, ob du auch etwas hören kannst. Was ist das für ein Geschenk?… Wozu hat es vorher gedient?… Hast du eine Ahnung, woher es stammt? Und welche Gefühle hast du für dein Geschenk?… Was bedeutet es für dich?…

Wenn du das Geschenk annehmen willst, dann bewahre es gut in deinem Gedächtnis auf und bring es hierher in diesen Raum. Wenn du das Geschenk aber aus irgendeinem Grunde lieber auf der Wiese lassen möchtest, dann ist das auch okay. Bedanke dich in jedem Fall bei der Wiese, dass sie das Geschenk für dich gehütet hat.

Reck und streck dich ein wenig und atme ein Mal tief aus. Öffne in deinem eigenen Rhythmus die Augen und sei wieder hier, erfrischt und wach.

Anmerkung: Drei Möglichkeiten der Gestaltung bieten sich im Anschluss an:
- Wir zeichnen das Geschenk.
- Wir zeichnen unsere Gefühle, nachdem wir das Geschenk gefunden haben.
- Wir zeichnen die ganze Szene, während der Suche bzw. nachdem wir das Geschenk gefunden haben.

Tattoo

Auch dies ist eine Bewegungsphantasie, die das Interesse der Kinder an Farben und am Spiel mit Flüssigem aufgreift. Die Bemalung des menschlichen Körpers ist für kleinere Kinder eine faszinierende Möglichkeit. Die Struktur der Übung ermöglicht eine wirksame Rückkoppelung: Die Kinder malen in der Phantasie und machen gleichzeitig die passenden Bewegungen.

Was ist eure Lieblingsfarbe?… Welche Farbe mögt ihr am wenigsten?… Wer von euch hat schon einmal mit einem breiten und großen Pinsel gemalt?… Wer von euch hat sich selbst schon einmal angemalt?…

Verteilt euch bitte im Raum und stellt euch so hin, dass jeder etwas freien Platz um sich herum hat…

Schließ nun die Augen und stell dir vor, dass vor dir ein großer Eimer mit Farbe steht. Gleich kannst du Hände und Arme als Pinsel benutzen und Muster in die Luft malen. Male große Kreise und Wellenlinien. Male ganz oben an den Himmel… Male in die Luft und um dich herum und ganz flach über dem Boden. Lass deinen Körper den Bewegungen der Arme folgen, bis dein ganzer Körper wie ein großer Pinsel die Farbe verteilt.

Beginne mit einem Eimer roter Farbe… (30 Sek.)

Nun nimm einen Eimer mit blauer Farbe… (30 Sek.)

Nun benutze einen Eimer mit gelber Farbe… (30 Sek.)

Nun benutze einen Eimer mit schwarzer Farbe… (30 Sek.)

Nun benutze irgendeine Farbe, die du gern hast und male mit ihr ein Bild…

Nun male ein Bild mit einer Farbe, die du nicht gern magst…

Jetzt stell dir vor, dass vor dir eine Zwillingsschwester oder ein Zwillingsbruder von dir steht, die/der entweder genauso groß ist wie du oder größer. Bemale nun das Gesicht dieses Zwillings… bemale Arme und Beine… und den ganzen Körper… Benutze alle Farben, die dir passend erscheinen… (1-2 Min.)

Stell dir nun irgendeine andere Person vor, die du bemalen willst und gib ihr bzw. ihm eine schöne Bemalung… (1-2 Min.)

Nun stopp bitte… Schüttle alle Farbspuren von dir ab und öffne dann langsam wieder die Augen…

Der Vogel im Käfig

■ *Diese Situation ist den meisten Menschen vertraut: Sie fühlen sich eingesperrt oder angebunden, vielleicht wie in einem Gefängnis und haben den Wunsch frei zu sein. Aber auch die Freiheit hat ihre Probleme. Wir bezahlen dafür mit einem Verlust an Sicherheit und Vorhersehbarkeit. Deshalb ist für Jugendliche diese Phantasiereise so passend. Ihre Lebensthemen können hier erlebt und untersucht werden: Die einschränkende Geborgenheit im Elternhaus gegenüber der unsicheren Freiheit des Erwachsenen. Da sind viele Probeflüge nötig, damit sich der Jugendliche an die Freiheit gewöhnt und langsam lernt, welche Risiken er eingehen möchte.*

Wir beginnen mit einer Entspannung, die zu der Atmosphäre der Phantasiereise passt.

Mach es dir auf deinem Platz bequem und schließ die Augen. Mach deinen Rücken ganz gerade, sodass du gut und bequem atmen kannst. Mit jedem Atemzug kannst du deine Entspannung tiefer und angenehmer werden lassen…

Denk nun bitte an irgendeinen Teil deines Körpers. Dabei spielt es keine Rolle, ob dieser Teil im Innern deines Körpers ist oder an der Oberfläche. Es könnte z.B. deine Hand sein, dein Kopf oder dein Magen. Es könnte aber auch dein Herz oder dein Gehirn sein… Denk einfach an irgendeinen Körperteil und stell dir vor, dass du mit deinem Atem Luft in diesen Körperteil bläst. Und jedes Mal, wenn du Luft hineinbläst, wird dieser Teil ein kleines bisschen größer, sodass die Adern mehr Platz haben, um das Blut zu transportieren, sodass die Muskeln sich ein wenig ausdehnen und schön locker werden können und die Knochen, wenn welche vorhanden sind, sich ganz bequem recken und strecken können. Atme ein und dieser Körperteil wird ein winziges bisschen größer… Atme aus und alles bleibt so, wie es ist… Atme wieder ein und der Körperteil wird noch ein kleines bisschen größer… Und atme nun eine Weile ein und aus, so wie du es immer tust, und stell dir dabei vor, dass beim Ausatmen dieser Körperteil wieder ein ganz kleines bisschen kleiner wird, bis er wieder seine normale Größe hat. Und wenn der Körperteil seine normale Größe wiedergefunden hat, dann prüfe bitte, wie sich dein ganzer Körper fühlt...

Ich möchte dich nun zu einer Phantasiereise einladen. Stell dir vor, dass du auf einen Vogelkäfig blickst, in dem ein Vogel sitzt... Du kannst das erste Bild nehmen, das dir in den Sinn kommt... Was für einen Vogel siehst du da?... Wie sieht er aus?... Wie fühlst du dich, wenn du diesen Vogel im Käfig betrachtest?... Und nun lade ich dich wieder zu einem kleinen Experiment ein: In deiner Phantasie bist du der Vogel in diesem Käfig... So kannst du einmal erleben, wie es sich anfühlt, ein Vogel im Käfig zu sein... Wie geht es dir als Vogel im Käfig?... Wie fühlt es sich an, in einem Käfig zu sein?... Woraus ist dein Käfig gemacht und welche Form hat er?... Gefällt dir die Art deines Käfigs?... Wie viel Platz hast du für dich im Innern des Käfigs?... Kannst du dich gut bewegen oder fühlst du dich eingeengt?... Gibt es außer dir noch andere Vögel oder bist du der einzige Bewohner des Käfigs?...

Nun kannst du noch ein Gedankenexperiment anschließen. Sei für eine Weile der Käfig und erlebe, wie du dich als Käfig fühlst... Was empfindest du für den Vogel, für den du die Wohnung bist?... Denk kurz darüber nach, ob du dem Vogel etwas sagen möchtest... Du kannst sagen, was dir gerade so einfällt... (30 Sek.)

Und nun sei wieder der Vogel und antworte dem Käfig... Was möchtest du zu dem Käfig sagen?... Sag, was dir gerade durch den Sinn geht... Schließlich seid ihr beide ja eine Weile zusammen...

Du bekommst nun Lust, den Käfig zu verlassen. Gibt es irgendeine Möglichkeit, aus dem Käfig herauszukommen?... Und wenn ja, dann kannst du das ausnutzen und irgendwohin fliegen, wo du gern sein möchtest... Gestatte dir zu sehen und zu erleben, wohin du als Vogel in der Phantasie fliegst... (30 Sek.)

Versuche nun, in deinen Käfig zurückzukehren. Du weißt, dass du in Zukunft immer in der Lage sein wirst, den Käfig zu verlassen und die Freiheit zu erforschen. Du kannst hinausgehen und zurückkehren, bis du sicher bist, dass du den Schutz des Käfigs nicht mehr brauchst.

Und wenn es für dich passend ist, dann sei jetzt wieder in deinem

Käfig und bemerke, wie sich das für dich anfühlt… Nach einer Weile kannst du diese Bilder verschwinden lassen… Merk dir all das, was für dich wichtig ist… Atme ein Mal kräftig aus und öffne in deinem eigenen Rhythmus die Augen… Sei wieder hier, erfrischt und wach.

Anmerkung: Kreatives Schreiben oder Malen helfen den Teilnehmern, ihr inneres Abenteuer weiterzuentwickeln. Dabei kann jeder selbst entscheiden, welches Thema im Mittelpunkt stehen soll: der Vogel im Käfig bzw. der Vogel in der Freiheit.

Freunde und Feinde

Unsere Vorfahren sahen sich als Teil der Natur. Sie hatten wenig Schwierigkeiten, ihre Identität von Tieren und Pflanzen abzuleiten, denen sie sich besonders verbunden fühlten.

Kleinere Kinder mögen diese Art des Denkens, die ihnen gestattet, komplizierte Einschätzungen auf einfache Weise vorzunehmen. Und die Konfrontation mit anderen kann von den Kindern aus einer frischen Perspektive betrachtet werden, wenn sie ermuntert werden, ihre «natürliche» Bildersprache zu benutzen.

Diese einfache Phantasieübung gibt den Teilnehmern Gelegenheit, Beziehungen bildhaft darzustellen.

Wie viele Freunde hast du?… Wie viele Feinde hast du?… Hattest du schon einen «guten» Feind, mit dem das Streiten angenehm war?…

Setz dich bequem hin, damit du gut denken kannst… Denk an jemanden, den du gern hast. Wenn du diese Person mit Nahrung vergleichen würdest, welche Art Nahrung wäre sie wohl? Ein Apfel? Ein Stück Schokolade?…

Denk an jemanden, den du nicht magst. Welche Art Nahrung wäre wohl diese Person? Eine saure Gurke? Eine Haifischflosse?…

Denk an dich selbst. Welche Art Nahrung bist du selbst?…

Was würdest du mit allen drei Nahrungsmitteln machen? Gäbe das eine Mahlzeit?… Was sonst? Denk an einen Freund. Welches Tier würde er oder sie sein?…

Denk nun an einen Feind. Welches Tier würde er oder sie sein?…

Und welches Tier würdest du selbst sein?…

Schließ jetzt bitte die Augen. Stell dir eine grüne Wiese vor… Stell dir vor, dass du als Tier auf dieser Wiese bist. Kannst du das Bild scharf sehen?…

Nun lass auch das Tier auf die Wiese kommen, das zu deinem Freund gehört…

Und nun lass zu guter Letzt auch deinen Feind als Tier auf die Wiese kommen…

Kannst du alle drei Tiere sehen?... Schau zu, was die drei Tiere miteinander anfangen. Vielleicht magst du zuerst abwarten, was von selbst passiert... Wenn du möchtest, kannst du auch eingreifen und den Dingen eine bestimmte Wendung geben... (1-2 Min.)

Willst du jedem Tier noch etwas zu fressen geben, ehe du ihnen Adieu sagst, um mit deiner Aufmerksamkeit wieder hierher zu kommen?...

Komm nun zu uns zurück und öffne die Augen in dem Tempo, das zu dir passt...

Ein sicherer Platz

Dies ist eine außerordentlich wichtige Phantasiereise. Der sichere Platz kann uns als Refugium dienen, wo wir geschützt sind, wo wir unsere Grenzen nicht verteidigen müssen, wo wir uns regenerieren können und wo wir Anregungen erhalten, um wichtige Herausforderungen oder Krisen zu bewältigen. Der sichere Platz ist auch für Jugendliche von erheblicher Bedeutung. Hier können sie für sich allein jene Geborgenheit genießen, die sie früher in der Nähe zur Mutter erlebten. Im Leben von Jugendlichen kommt es zu immer neuen Belastungen und Unsicherheiten, sodass die Möglichkeit zum zeitweiligen Rückzug eine große Entlastung bedeuten kann. Hier kann nach einer Enttäuschung neues Selbstbewusstsein entstehen, hier kann Einsamkeit als geistige Freiheit erlebt werden. Es ist verständlich, wenn Einzelne nicht darüber sprechen möchten, wie sie sich diesen Platz vorstellen. Wenn sie ihn geheim halten, kann das die heilende Kraft dieses Ortes sogar noch intensivieren.

Bleib einfach so sitzen, wie du gerade sitzt und bemerke die Art und Weise, wie du deinen Körper hältst. Du kannst dich auch fragen: «Bin ich angespannter, als ich es sein müsste?» Vielleicht spürst du Anspannung im Gesicht, in den Schultern oder in den Händen?

Bemerke auch, wie du atmest…

Verändere ganz langsam deine Haltung, damit du noch leichter atmen kannst… Sitz ganz gerade, lass die Schultern herabhängen und mach deine Arme und deinen Bauch locker…

Lass auch deinen Atem leicht werden, indem du beim Ausatmen ein paar Mal seufzt…

Finde eine Haltung, in der du dich offen fühlst und bequem…

Nun kannst du an einigen Stellen noch besser für deinen Körper sorgen und dir deinen Atem dabei zum Bundesgenossen machen…

Geh zu den Stellen, wo du dich angespannt fühlst, z.B. zum Gesicht, zu den Schultern, zum Bauch und fang an, ganz sanft durch diese Stellen ein- und auszuatmen … Und wenn du willst, kannst du im Stillen ein paar Worte dazu sagen: «Loslassen… entspannen… still werden…»

Bitte erwarte nicht, dass du dadurch sofort vollkommen locker wirst, doch du hast einen Anfang gemacht und kannst die einzelnen Schritte jederzeit wiederholen…

Ich möchte dich nun zu einer Phantasiereise einladen. Überlege dir, wann du deine Augen schließen möchtest, jetzt gleich oder ein wenig später, und denk an einige Dinge, die dir das Gefühl von Anspannung geben oder die dir Angst machen… Ich werde dich nicht auffordern, mit irgendjemandem darüber zu sprechen, es sei denn, du möchtest es selbst… Du musst dich auch nicht allzu sehr in diese heiklen Themen hineindenken. Es ist ausreichend, wenn du dir bewusst machst, dass es in deinem Leben ein Paar Dinge gibt, über die du nicht so glücklich bist.

Stell dir jetzt vor, dass es in dir selbst oder irgendwo außerhalb einen Platz gibt, wo du dich ganz sicher fühlst. Dort musst du dir keine Sorgen machen über alle diese schwierigen Themen. Lass in deiner Phantasie ein Bild aufsteigen von einem Platz, an dem du gern sein würdest und an dem du dich vollständig sicher fühlen könntest. Wie sieht dieser Platz aus?… Schau dich in Ruhe um… Was sollte es an diesem sicheren Platz alles für dich geben?… Welche Farben möchtest du hier sehen?… Welcher Duft soll deine Nase verwöhnen?… Was möchtest du hier gerne anfassen und wie soll sich das anfühlen?… Was möchtest du hier hören können?…

Stell dir nun vor, dass du tatsächlich für eine Weile an diesem sicheren Platz bist. Was möchtest du jetzt hier tun und wie fühlst du dich?…

Hier kannst du immer so lange sein, wie du möchtest… Hierher darf niemand ohne deine Erlaubnis kommen. Nur du selbst kannst jederzeit hierherkommen, wann immer du das möchtest.

Bewahre diesen wunderbaren Platz in deinem Gedächtnis auf und das gute Gefühl, das er dir schenkt.

Atme ein Mal tief aus und öffne dann in deinem persönlichen Rhythmus die Augen. Sei wieder hier, erfrischt und wach.

Der Rucksack

 Der «Rucksack» dient den Jugendlichen als sicherer Aufbewahrungsort für ihre Sorgen und Nöte. Dort können sie ihre Ängste und Befürchtungen genau betrachten, um dann zu entscheiden, inwieweit jede einzelne eine praktische Bedeutung für sie hat. Immer wenn die Jugendlichen ein schwieriges Projekt mit ungewissem Ausgang beginnen, dann kann ihnen der «Rucksack» helfen, innere Klarheit zu schaffen und für Konzentration zu sorgen.

Du weißt vermutlich, dass du dich entspannen kannst, wenn du schön gleichmäßig und gründlich atmest…

Aber mithilfe deiner Phantasie kannst noch mehr tun. Du kannst dich nämlich in der Phantasie bewegen. Vielleicht gehörst du zu den Menschen, die gern joggen und dann nach einiger Zeit spüren, dass ihnen Flügel wachsen… Vielleicht gehörst du auch zu jenen Menschen, die gern mit dem Fahrrad unterwegs sind und es genießen, wenn sie in die Pedalen treten und ihre Kraft spüren… Und vielleicht gehörst du auch zu dem Kreis der Pferdefreunde, die den Duft dieser Tiere lieben und besonders glücklich sind, wenn sie im Einklang mit dem Pferd traben oder galoppieren können…

Wie bewegst du dich am liebsten?… Schließ die Augen… Atme ein Mal tief aus und stell dir dann vor, dass du deine Lieblingsart der Fortbewegung praktizierst… Du kannst dir auch aussuchen, wo du sein möchtest und wohin die Reise gehen soll… Es darf ein vollkommener Tag sein mit blauem Himmel und Sonne… jedenfalls mit dem Wetter, das du liebst…

Stell dir vor, dass du unterwegs bist in genau der Geschwindigkeit, die du magst und mit einem Ziel, das du gut findest… Genieße, was du siehst… Spüre deinen Körper und freue dich an der Bewegung … Spüre die Luft auf deinem Gesicht und in deinem Haar… Und immer wenn du das willst, kannst du das Tempo verändern, langsamer oder schneller werden… Du kannst auch die Richtung so wählen, dass deine Neugier und deine Abenteuerlust auf ihre Kosten kommen…

Lass jede Veränderung im Rhythmus eine Einladung sein, dich noch entspannter, noch lockerer zu fühlen als vorher…

Und wenn du das Gefühl hast, dass es dir prächtig geht, dann kannst du allmählich langsamer werden und dir einen guten Platz aussuchen, um anzuhalten und eine Pause zu machen.

Jetzt möchte ich dich zu einer Phantasiereise einladen, bei der es hinaus aufs Land geht. Stell dir vor, dass du durch Wald und Feld ziehst und einen schweren Rucksack auf dem Rücken hast… Schau dich um und betrachte die Landschaft und beobachte das Wetter… Bemerke vor allem das Gewicht deines Rucksacks… Lass in deinem Rucksack all deine Sorgen und Ängste sein, die dir das Leben im Augenblick schwer machen…

Nimm den Rucksack jetzt von den Schultern, stell ihn auf den Boden und setz dich daneben, um zu rasten… Öffne den Rucksack aufmerksam und hole den Inhalt ans Tageslicht, Stück für Stück… Prüfe jede Sorge einzeln und leg sie dann neben dich auf den Boden… Achte darauf, welche Gefühle du mit den verschiedenen Themen verbindest, die du aus dem Rucksack herausholst… Was empfindest du über das, was du auf dem Boden ausgebreitet hast… Betrachte alles aufmerksam und objektiv… Bemerke, was du empfindest, wenn du die verschiedenen Ängste oder Befürchtungen betrachtest…

Nun kannst du anfangen, alles wieder in den Rucksack zurückzulegen… Mach das ganz sorgfältig und verschließe anschließend den Rucksack gewissenhaft…

Such dir nun bitte in der Nähe einen sicheren Platz, wo du den Rucksack verstecken kannst… Stell ihn dort so ab, dass du ihn leicht wiederfinden kannst… Doch wenn sich das aus irgendeinem Grunde für dich besser anfühlt, dann nimm den Rucksack wieder mit, wenn du deinen Weg fortsetzt.

Du kannst, wenn du den Rucksack hier zurücklässt, jederzeit wieder hierherkommen, um ihn an dich zu nehmen, falls du ihn brauchst…

Wie fühlt es sich an, deine Sorgensammlung hier zurückzulassen?… Wie fühlen sich deine Schultern jetzt?… Gehst du jetzt anders?… In der Phantasie kannst du deine Schritte dorthin lenken, wohin du möchtest… Bemerke, was dich anzieht und wie du dich fühlst… Merke dir auch, wie es sich anfühlt, wenn du die Last deiner Sorgen abgelegt hast… Von Zeit zu Zeit kannst du dir eine Zeit der Unbeschwertheit schenken, denn du weißt, dass du immer wieder zurückkehren kannst zu dem, was getan werden muss…

Bring nun dieses gute Gefühl hierher zurück in diesen Raum… Atme einmal tief aus und öffne in deinem eigenen Rhythmus die Augen… Sei wieder hier, erfrischt und wach.

Am Meer

Hier laden wir die Jugendlichen ein, eine Reise ans Meer zu machen, um sich zu regenerieren, um ihren Körper und ihre Sinne zu spüren. Außerdem werden sie hier eine besondere Muschel finden und hören, was diese ihnen zu sagen hat. Das ist eine indirekte Einladung an die Teilnehmer, auf die Stimme ihrer Intuition zu hören, auf die Stimme ihrer verborgenen Weisheit, die immer stärker der Kompass sein soll für das Leben des halberwachsenen Jugendlichen.

Mach es dir auf deinem Platz bequem… Komm zur Ruhe, entspann deine Augen und erfrische deinen Geist. Nebenbei kann sich auch deine Atmung regenerieren, wenn du tief und vollständig atmest.

Reibe nun deine Hände kräftig aneinander, Handfläche an Handfläche. Reibe so lange, bis du Wärme und Energie spürst… (30 Sek.)

Stütze deine Ellbogen auf den Tisch vor dir, forme beide Hände zu Halbschalen und leg sie sanft über deine geschlossenen Augen. Bemerke, wie die Wärme deiner Hände den Augen guttut und wie die Dunkelheit dein Gehirn erfrischt… Gönn dir ein paar lange und tiefe Atemzüge, während du dir vorstellst, dass beim Ausatmen alle Müdigkeit und alle Anspannungen aus deinem Organismus hinausfließen… Bemerke, dass du mit jedem Atemzug ruhiger und sicherer wirst… (1 Min.)

Halte deine Augen geschlossen und lass deine Hände einen Platz finden, wo sie deine Entspannung und Konzentration fördern können.

Stell dir vor, dass du am Meer bist… Das kann ein Ort sein, an dem du noch niemals gewesen bist…

Schau dich in Ruhe um… Was siehst du?… Wie sieht das Meer aus?… Ist das Meer bewegt oder ist es ruhig?… Sind andere Menschen in der Nähe?… Wie ist das Wetter?… Kannst du die Wärme der Sonne spüren?… Kannst du den Wind auf deiner Haut fühlen?… Achte auf die Musik, die das Wasser macht… Was hörst du sonst noch?… Wie riecht es hier, so dicht am Wasser?… Wie ist der Boden beschaffen, auf dem du sitzt oder stehst?… Wie gefällt es dir überhaupt hier am Ufer des Meeres?…

Und nun kannst du zu einem Spaziergang am Wasser aufbrechen…
und anfangen nach einer besonderen Muschel zu suchen. Geh an der
Wasserlinie entlang, schau auf den Sand und in das Wasser, das zwischen den Steinen hier und da stehen geblieben ist. Aber vielleicht
brauchst du noch etwas Zeit, weil alles, was du bisher gefunden hast,
aus irgendeinem Grund nicht für dich bestimmt ist… Was für Lebewe-
sen siehst du?… Krebse, kleine Fische, Seetang, Seesterne?…

Vor dir entdeckst du nun ein etwas tieferes Wasserbecken, in dem
das Meerwasser stehen geblieben ist, mit Sand und einer bunten
Mischung aus Strandgut. Dort finden sich Bleikugeln von Fischernet-
zen, große und kleine Flaschenkorken, Treibholz. Und dann erkennst
du immer deutlicher deine besondere Muschel…

Heb sie auf und betrachte sie von allen Seiten… Welche Form hat
sie?… Welche Farbe hat sie?… Wie fühlt sich ihre Oberfläche an?…

Erinnere dich daran, dass man diese Gehäuse ans Ohr halten kann,
um das Rauschen des Meeres zu hören. Mach jetzt dasselbe und höre
in diesem Geschenk des Meeres das Rauschen der Wellen und das
Brausen des Windes… Und dann kommt dir der Gedanke, dass diese
besondere Muschel noch mehr kann als das. Du hast den Eindruck –
vielleicht ist es auch eine Art Halluzination –, dass du aus der Muschel
eine leise Stimme hörst… Was sagt diese Stimme zu dir?… Lass dir
einen Moment Zeit, um zwischen all den Eindrücken diese Stimme
klar und deutlich zu hören… (30 Sek.)

Such nun einen Platz für die Muschel, wo du sie der Natur zurück-
geben möchtest. Willst du der Muschel vorher irgendetwas mitteilen?… Und wenn du einen guten Platz für sie gefunden hast, dann
kannst du dich bereit machen, um hierher zurückzukehren… Atme ein
Mal tief aus und öffne dann in deinem eigenen Rhythmus die Augen.
Sei wieder hier, erfrischt und wach.

Variation: Lassen Sie die Teilnehmer am Strand eine Flaschenpost
finden. Sie öffnen die Flaschen und finden einen Zettel, dessen Botschaft deutlich zu entziffern ist. Wie lautet die Botschaft und wer hat
sie abgeschickt? In welcher Gegend wurde die Flasche auf ihre Reise
geschickt?

Die Lokomotive

Diese Phantasiereise ist vor allem deshalb attraktiv für die Teilnehmer, weil die Identifikation mit der Lokomotive das Gefühl von Kraft, Entschlossenheit und Widerstandsfähigkeit verleihen kann. Darüber hinaus ist die Lokomotive auch eine Metapher, die wir mit Reisen und Abenteuer verbinden. Jeder Teilnehmer kann selbst entscheiden, welche Art Lokomotive er sich vorstellen möchte – eine altmodische Dampflok, eine klassische Elektrolok oder eine Lokomotive mit Dieselantrieb.

Ich lade dich zunächst zu einer Entspannung und zu einer Konzentrationsübung ein, damit du die anschließende Phantasiereise intensiv genießen kannst.

Ich werde dir dazu vier Fragen stellen, und jedes Mal kannst du dich etwas weiter entspannen:

- «Was kannst du alles sehen?» Was ist alles in deinem Blickfeld vor dir?… Was kannst du an den Seiten sehen, ohne den Kopf nach links oder rechts zu wenden?… (15 Sekunden)
- «Was hörst du gerade?» Welche Geräusche kannst du in diesem Augenblick bemerken?… Nimm die ganze Geräuschkulisse wahr. Bemerke auch, aus welchen Richtungen die verschiedenen Geräusche kommen… (15 Sekunden)
- «Was berührst du gerade?» Bemerke all die Kontaktpunkte, mit denen dein Körper den Boden oder die Kleidung berührt: die Füße, Beine und Arme, deine Finger… Spüre die Luft auf der Haut deines Gesichts… (15 Sekunden)
- «Was riechst oder schmeckst du gerade?» Kannst du irgendwelche Gerüche oder Düfte hier im Raum entdecken?… Und kannst du, wenn du ganz aufmerksam bist, feststellen, was du mit deiner Zunge gerade schmeckst?… (15 Sekunden)

Sitz ganz gerade und atme einmal tief aus. Schließ die Augen, damit du die Bilder deiner Phantasiereise ungestört erleben kannst.

Stell dir vor, du bist auf einem Bahnhof und vor dir steht ein Zug. Betrachte vor allem den vorderen Teil des Zuges. Was für eine Lokomotive hat der Zug?… Welche Art von Wagen hängen an der Lokomotive?… Und wie sieht die Lokomotive aus?… Welche Farbe hat sie?… Ist das eine Elektrolok… eine Dampflok… oder eine Lokomotive mit Dieselantrieb?…

Stell dir in deiner Phantasie jetzt vor, dass du selbst diese Lokomotive bist… Wie fühlst du dich, wenn du so auf diesem Bahnhof stehst?… In wenigen Augenblicken wirst du losfahren… Was bedeutet es für dich, dass du den ganzen Zug hinter dir gleich in Bewegung setzen sollst? Bist du sicher, dass du das schaffst? Hast du genügend Kraft? Bist du fest entschlossen, den schweren Zug mit auf die Reise zu nehmen?…

Beginne nun deine Fahrt… zuerst ganz langsam… Wie fühlt sich das an? Welche Geräusche machst du dabei? Wie hört sich dein Motor an? Welche Geräusche machen deine Räder?…

Kurz hinter dem Bahnhof beginnt eine Steigung… Du spürst das Gewicht des ganzen Zuges und musst dich wirklich anstrengen… Bist du dir sicher, dass du die Steigung schaffst und trotzdem schneller werden kannst?… Nun ist das Gelände vor dir wieder eben und du kannst schneller werden, ohne alle deine Reserven einzusetzen… Jetzt geht es sogar bergab, und du wirst immer schneller. Spüre, wie du die Luft vor dir zerteilst und wie der Wind immer stärker an dem ganzen Zug rüttelt… Wie schnell kannst du noch werden?… Wie fühlst du dich dabei, wenn du den ganzen schweren Zug so schnell durch das Land ziehst?…

Jetzt sagt dir ein Signal, dass du bald zu einer Station kommst, wo du anhalten sollst. Beginne mit dem Bremsen. Spüre, wie stark du die Bremsen betätigen musst, damit der Zug sich verlangsamt. Bemerke die Geräusche, die beim Bremsen entstehen, und spüre, dass du auch aus eigener Kraft in der Lage ist, den Zug wieder zur Ruhe zu bringen. Lass dich dabei von den Bremsanlagen unterstützen, die in jedem einzelnen Waggon eingebaut sind…

Und wie fühlst du dich, wenn du an der Station den Zug zum Halten gebracht hast?… Bist du mit deiner Arbeit zufrieden?…

Sei nun wieder du selbst. Wirf noch einen Blick auf die Lokomotive und sage ihr Adieu.

Atme ein Mal tief aus und öffne in deinem eigenen Rhythmus die Augen… Sei wieder hier, erfrischt und wach.

Das dritte Auge

Das «dritte Auge» ist vielleicht eine passende Metapher für das menschliche Imaginationsvermögen, für unsere Phantasie, Intuition, Einfühlungsvermögen, Verständnis, für unsere (begrenzte) Fähigkeit, Prognosen zu machen oder die Vergangenheit zu rekonstruieren.

Das dritte Auge ist eng mit unserer Neugier verwandt, die uns von Anfang an inspiriert und auch manchmal plagt. Hier können die Teilnehmer aller Altersgruppen ihr drittes Auge öffnen und mit Ihrer Erlaubnis ungeniert neugierig sein.

Kennst du einen besonders neugierigen Menschen?... Bist du selbst neugierig?... Wann stört dich die Neugier anderer?...

Stell dir vor, dass du in deinem Geist ein drittes Auge hast. Das dritte Auge kann da sehen, wo deine beiden äußeren Augen nicht sehen können: Es sieht auch im Dunkeln. Es sieht durch alles hindurch. Es sieht über alle Entfernungen hinweg. Es sieht ganz Winziges und kann auch ganz Riesiges überblicken. Es sieht Vergangenes und Zukünftiges. Es sieht vielleicht nicht alles, aber es sieht sehr, sehr viel mehr als deine Tagesaugen.

Bist du neugierig, was dein drittes Auge alles sehen kann?...

Wenn du es gleich benutzt, dann kannst du selbst entscheiden, was du von dem, was das dritte Auge sieht, im Gedächtnis behalten und was du wieder vergessen willst.

Mach es dir bequem und schließ die Augen... Sieh mit deinem dritten Auge, wie du hier im Raum deinen Platz hast und wie alle anderen auch ihren Platz haben...

Schau in dein Zimmer zu Hause, wie es gerade jetzt dort aussieht... Schau in die Wohnung eines Nachbarn... Was siehst du dort?...

Sieh deinen Vater bei der Arbeit. Was tut er gerade?... Sieh deine Mutter bei der Arbeit. Was tut sie gerade?...

Sieh einem anderen Gruppenmitglied in die Tasche. Was hat er oder sie bei sich?...

Wirf einen Blick auf einen kleinen Berg. Was kannst du dort oben auf dem Gipfel sehen?…

Sieh tief hinab in die Tiefe des Ozeans. Was kannst du auf dem Grund des Meeres sehen?…

Geh über einen Acker und entdecke im Boden irgendwelche Überreste von den Menschen, die dort vor vielen, vielen Jahren waren. Was kannst du sehen?…

Schau in einen der Koffer, die von den Flugzeugpassagieren aufgegeben werden. Was kannst du sehen?…

Sieh in einen Brief, den der Postbote austrägt. Was kannst du lesen?…

Sieh ein Liebespaar, das im Dunkeln spazieren geht… Beobachte einen Dieb, der in ein Haus einsteigt… Beobachte zwei Politiker, die in einem großen Wagen ein Geheimgespräch führen…

Für welche Person des öffentlichen Lebens interessierst du dich?…

Sieh dieser Person zu, wie sie morgens erwacht. Was stellst du fest?…

Denke an jemanden, den du bewunderst. Sieh in seinen Kopf: Was kannst du sehen…

Denke an jemanden, den du wirklich gern hast. Schau behutsam in das Herz dieser Person…

Sieh zu, wie sich zwei Freunde über dich unterhalten. Wie sehen sie dabei aus?…

Blick in die Zukunft: Willst du zwei, fünf oder zehn Jahre vorausschauen?…

Wie siehst du dann aus?… Wo bist du?… Was tust du?…

Was möchtest du mit deinem dritten Auge sonst noch anschauen?… Tu das…

Was sonst noch?… Tu das auch…

Nun gönne deinem dritten Auge ein wenig Ruhe… Komm mit deiner Aufmerksamkeit zu uns zurück und öffne deine beiden Tagesaugen…

Traumhaus

Die meisten Menschen haben ein Traumhaus. Manche sehen das Haus vor sich, das sie bewohnen möchten, wenn sie eine Familie gegründet haben; manche sehen ein Haus vor ihrem inneren Auge, in dem sie gern einmal die Ferien verbringen möchten. Und wer verliebt ist, der träumt vielleicht von einem Haus, in das er sich mit dem geliebten Menschen vor der Welt zurückziehen kann.

Mach es dir auf deinem Platz bequem und setz dich so hin, dass dein Rücken ganz gerade ist. Atme einmal tief aus und schließ dann die Augen, damit du dich leicht konzentrieren kannst.

Lass deinen Geist wandern und geh zu einer Stelle, wo du das Haus deiner Träume findest… Vielleicht kennst du dieses Haus schon; vielleicht entschließt du dich, es in deiner Phantasie zu erfinden.

Wie soll das Haus deiner Träume aussehen? In welcher Umgebung soll es stehen? Soll es in der Stadt stehen, auf dem Land, am Meer oder in den Bergen?…

Aus welchem Material soll das Haus gebaut sein? Wie viele Stockwerke wünschst du dir? Wünschst du dir ein altes oder ein neues Haus? Wie viele Zimmer soll das Haus haben? Und wie groß soll es überhaupt sein? Soll das Haus einen Garten haben? Soll es von Bäumen umgeben sein? Wünschst du dir, dass es Sportmöglichkeiten bietet, einen Swimmingpool oder eine Sauna?

Finde auch heraus, mit wem du in diesem Haus wohnen möchtest: mit der Familie, mit der du im Moment lebst… mit deiner Freundin/deinem Freund… mit der Familie, die du einmal gründen willst…

Lass dir Zeit, um dir alles gut vorzustellen. Glaubst du, dass du in einem solchen idealen Haus all das tun kannst, worauf es dir ankommt? Welche Menschen sollten deine Gäste sein?… Lass dir eine Minute Zeit, um in deinem Traumhaus herumzugehen… Achte auf die Farben, die Geräusche, die Temperatur und den Geruch… (1-2 Min.)

Komm nun mit deiner Aufmerksamkeit hierher zurück. Atme ein Mal tief aus und öffne in deinem eigenen Rhythmus die Augen.

Das eigene Zimmer

Ein eigener Raum, über den nur wir zu bestimmen haben, das wird für die meisten von uns zu einem dringenden Bedürfnis, wenn wir in die Pubertät kommen. Hier entziehen wir uns der Kontrolle durch Eltern und Geschwister. Das gibt uns das Gefühl, in unserem Leben schrittweise mehr Freiheit und Unabhängigkeit zu erlangen. Doch im Kern bietet uns das eigene Zimmer vor allem Gelegenheit, unsere Präferenzen, unseren Geschmack und unsere Hobbys zu kultivieren. Es wird zum Symbol unserer Individualität und unserer Wünsche an die Zukunft. Die Dekoration unseres Zimmers hat in der Regel zwei psychologische Aufgaben: Sie zeigt unsere besten Erinnerungen und sie symbolisiert unsere wichtigsten Hoffnungen.

Mach es dir auf deinem Stuhl bequem und stell die Füße nebeneinander auf den Boden. Spüre, wie du auf der Sitzfläche Halt findest und spüre deine Wirbelsäule, die deinen Kopf hält. Stell dir nun vor, dass du das Pendel einer großen Standuhr bist, die um dich herum gebaut ist. Über dir gibt es ein großes, altmodisches Zifferblatt mit Stunden- und Minutenzeiger, dein Rücken ist die Stange des Pendels und dein Becken ist das Gewicht, das das Pendel langsam und gleichmäßig hin- und herschwingen lässt…

Fang an, ganz behutsam dein Becken zu bewegen – von links nach rechts und von rechts nach links. Lass dabei leise die Stimme der alten Uhr hören, die immerfort sagt: ticktack, ticktack – in jeder Minute, in jeder Stunde und an jedem Tag, jahrein, jahraus. Bei jedem Schwung des Pendels kannst du dich unmerklich weiter entspannen, gleichmäßig ein- und ausatmen und deinen Geist leer und frei machen.

Schließ nun auch deine Augen und stell dir vor, dass du dazu eingeladen bist, die Einrichtung deines eigenen Zimmers zu planen… Das ist kein gewöhnliches Zimmer, sondern ein Zimmer, das vollständig nach deinem Geschmack gestaltet ist. Es spielt keine Rolle, was es kosten würde, dieses Zimmer ganz nach deinen Wünschen einzurichten… Und es soll auch keine Rolle spielen, welche Vorstellungen andere Menschen vom Zimmer eines Jugendlichen haben… Mit der Gestaltung deines Zimmers musst du niemanden außer dich selbst zufriedenstellen. Du brauchst auf niemanden Rücksicht zu nehmen. Hier geht es nur um dich. Hier kannst du auch ungewöhnliche Wünsche realisieren. Du kannst auch solche Dinge einbeziehen, an die du bisher nicht gedacht hast oder die dir nur flüchtig durch den Sinn gegangen sind. Warte einfach ab, was dir einfällt… Welche Möbel wünschst du dir? Wie soll der Fußboden aussehen? Wie sollen die Wände beschaffen sein?… Welche Farben sollen dich umgeben und welche speziellen Gegenstände wünschst du dir für diesen Raum? Wünschst du dir einen Computer, eine Musikanlage oder einen DVD-Spieler?… Möchtest du noch andere technische Geräte haben? Brauchst du ein Bücherregal? Und wie soll der Platz aussehen, an dem du arbeitest, schreibst oder malst?… Welche Vorstellungen hast du von deinem Bett?…

Denk daran, dass dieser Raum vollständig privat ist. Du musst niemanden hereinlassen, den du dort nicht sehen möchtest, aber du kannst natürlich jeden einladen, dessen Nähe dir gefällt. Welche Personen sollen Zugang haben zu deinem privaten Raum?…

An diesem privaten Raum kannst du immer weiter arbeiten. Du kannst ihn jedes Mal verändern, verbessern, größer oder kleiner machen. In der Phantasie kannst du hier Ruhe finden oder auch Anregung, und du kannst hier mit Menschen zusammenkommen, die für dich wichtig sind. Darum merke dir diesen Raum gut, damit du hierher zurückkehren kannst, wenn du das wünschst…

Atme nun ein Mal tief aus und öffne in deinem eigenen Rhythmus die Augen. Sei wieder hier, erfrischt und wach.

Anmerkung: Auch hier kann die Bedeutung des privaten Raumes vertieft werden, wenn die Teilnehmer eine Skizze davon anfertigen. Zusätzlich kann ein Schild entworfen werden, das darüber aufklärt, wer unter welchen Umständen Zugang zu diesem Raum haben soll.

Am Flussufer

Wasser kann auf unser Unbewusstes eine beruhigende und regenerative Auswirkung haben. Vielleicht erinnert es uns an unsere vorgeburtliche Lebenszeit, vielleicht reicht die Erinnerung unseres Körpers noch weiter zurück bis in jene Urzeiten, in denen sich das erste Leben im Wasser der Ozeane gebildet hat. Hier geben wir dem Wasser eine zusätzliche Aufgabe. Es kann uns helfen, mehr innere Distanz zwischen uns und die alltäglichen Sorgen zu legen. Manche Kinder und Jugendliche neigen dazu, sich zu viele Gedanken zu machen. Sie grübeln über all die Unsicherheiten, die sie in ihrem Leben empfinden: Warum bin ich zu dieser Geburtstagsfeier nicht eingeladen? Findet dieser Junge mich attraktiv? Wie wirkt meine gebogene Nase auf andere? Usw. In all diesen Überlegungen spielt das Urteil der anderen eine dominante Rolle. Die Stimmung, die dadurch hervorgerufen wird, ist mehr oder weniger pessimistisch. So fehlt uns der nötige Schwung, um uns auf die Dinge zu konzentrieren, die uns selbst interessieren und die wir gut können.

Hier benutzen wir den Fluss, um einen Teil unserer Alltagssorgen loszuwerden.

Mach es dir auf deinem Platz bequem und schließ die Augen. Am besten ist es, wenn dein Rücken ganz gerade ist, dann kannst du frei atmen. Seufze nun drei oder vier Mal kräftig, damit sich dein Körper schön weit öffnet…

Und nun gestatte dir, ein bis zwei Minuten tief zu atmen… Versuche bitte nicht, deinen Atem zu kontrollieren. Überlass es jedem Atemzug, wie tief er sein möchte, wie lang die Pause zwischen zwei Atemzügen sein soll, wie stark der Druck ist, mit dem du die verbrauchte Luft aus deinem Körper herauspresst. Es reicht aus, wenn du spürst, wann ein Atemzug endet und wann der nächste beginnt.

Genieße auch das erfrischende Gefühl beim Atmen… Spüre, wie dein Atem deinen Körper von innen massiert. Und wenn du in deinem Bauch, in deinen Beinen, in deinen Armen oder an einer anderen Stelle eine Anspannung bemerkst, dann stell dir vor, dass du für eine kurze Weile durch diese verhärtete Stelle ein- und ausatmest.

Stell dir nun bitte vor, dass du an einem warmen Sommertag am Ufer eines Flusses sitzt… Vielleicht sitzt du im Gras, vielleicht auf einer Ufermauer, deren Steine von der Sonne erwärmt sind. Aber vielleicht hast du dir auch eine andere Stelle ausgesucht…

Spitz deine Ohren, um alles genau zu hören, all das Leben an diesem Fluss: das Summen der Insekten… die Vögel in den Bäumen… das Murmeln des Wassers unter dir. Interessant und entspannend ist auch der Geruch des Wassers, das langsam an dir vorbeifließt. Beobachte das Wasser, die kleinen Wellen und all die kleinen Teile, die das Wasser mit auf die Reise nimmt – abgebrochene Zweige und Äste, Gras, Wasserpflanzen und ab und zu ein ganzer Baumstamm…

Vielleicht siehst du unter der Oberfläche ein paar Fische, manche springen aus dem Wasser, um eine Mücke zu fangen. Wenn du nah genug am Wasser bist, kannst du deine Hand hineinhalten und spüren, wie warm es ist… Und nun siehst du vielleicht, wie eine ganze Reihe von Blättern langsam an dir vorbei flussabwärts treiben. Wenn du willst, kannst du diese Gelegenheit benutzen, um einige deiner Sorgen abzuladen. Setze sie behutsam auf die vorbeitreibenden Blätter und verabschiede dich für heute von ihnen. Sag ihnen, dass du dich später um sie kümmern wirst… (1 Min.)

Nun kannst du dich noch einmal einen Augenblick zurücklehnen, um in vollen Zügen diese Ruhe zu genießen, die Wärme der Sonne, das Murmeln des Wassers und den Duft von Gras und Blüten… Gestatte dir, dich an eine wunderschöne Situation zu erinnern, die so schön war, dass du den Wunsch hattest, sie sollte niemals vergehen, oder wenigstens nicht so schnell… (1 Min.)

Und nun wird es Zeit, dass du das Ufer des Flusses wieder verlässt. Richte dich auf und atme ein Mal tief aus. Öffne in deinem Rhythmus die Augen und sei wieder hier, erfrischt und wach.

Anmerkung: Diese Wasserphantasie lädt zu einem einfachen Gedicht ein. Es muss sich nicht reimen und die Struktur ergibt sich von selbst, wenn wir jede Zeile mit den Worten «Das Wasser» beginnen lassen.

In der Natur: Mein Lieblingsplatz

Die Natur hat ein Heilpotenzial für uns alle, Kinder wie Erwachsene. Hier erinnern wir uns daran, dass wir Teil des Lebens sind, nicht mehr und nicht weniger. Wir alle folgen denselben Gesetzen. Wir entstehen und vergehen. Allein sind wir unfähig zu überleben, denn wir brauchen die uns umgebende Natur und die anderen. Aber in einer Hinsicht übertreffen wir die Natur: Wir sind in der Lage, dankbar zu sein für das, was das Leben uns gibt, und wir können in der Phantasie die Zeit beschleunigen oder verlangsamen. Über eine solche geistige Zeitmaschine verfügt nur der Mensch.

In dieser Phantasiereise laden wir die Teilnehmer ein, an einen Ort in der Natur zugehen, der ihre Sinne in besonderer Weise anspricht.

Mach es dir auf deinem Platz bequem. Stell die Füße fest auf den Boden und leg die Hände locker in den Schoß…

Atme ein Mal tief aus und lass dabei deinen Körper locker werden wie eine Stoffpuppe…

Lass bei jedem Ausatmen alle Ablenkungen, alle Sorgen, alle Anspannung aus dir hinausfließen… Schließ nun deine Augen und zaubere für einen kurzen Augenblick ein entspannendes Lächeln auf dein Gesicht…

Nun bist du für einen kleinen Ausflug in der Phantasie vorbereitet. Er führt dich in die Natur und an einen Platz, wo du besonders gern bist… Welches ist dein Lieblingsplatz unter freiem Himmel, in der Natur? Ich hoffe, dass du einen solchen Platz kennst, sonst darfst du ihn jetzt dir in deiner Vorstellung erfinden…

Geh nun bitte an diesen Platz, wo du so gern bist und den du so liebst… Vielleicht ist es ein Strand… eine Stelle in den Bergen… an einem Fluss oder auf einer Insel… Geh an einen Platz, wo du dich wirklich wohlfühlst… Achte auf die Farben in deiner Umgebung; bemerke die Materialien, die dich umgeben: Gras, Stein, Sand oder Holz… Bemerke auch, was du dort hören kannst… Wie die Luft riecht… Wie fühlst du dich an dieser Stelle?…

Fühlst du dich hier glücklich… entspannt… angeregt?… Bist du hier am liebsten allein oder möchtest du hier gern mit anderen zusammen sein?…

Und wenn du dich längere Zeit hier aufhältst, was kannst du dann beobachten? Wie verändert sich das Licht, die Temperatur, die Luft?… Was geschieht hier sonst noch, wenn hier die Zeit vergeht?… (1 Min.)

Stell dich nun darauf, für deinen Lieblingsplatz ein kleines Gedicht zu schreiben. Stell dir vor, dass du in dem Gedicht mit diesem Platz sprichst und ihm erzählst, was dir hier besonders gefällt. Beginne deshalb jede Zeile in deinem Gedicht mit den gleichen Worten: Ich danke dir… So kannst du dem Platz mitteilen, wie viel er dir bedeutet…

Atme nun ein Mal tief aus und öffne in deinem eigenen Rhythmus die Augen. Sei wieder hier, erfrischt und wach.

Nimm dir ein Blatt Papier und schreib ein kurzes Gedicht für deinen Lieblingsplatz.

Geschenk

✶ *Manchmal ist es Zeit, dass die Teilnehmer ein Geschenk erhalten, etwas, für das sie sich nicht anstrengen müssen, etwas, das sie sich nicht kaufen können. Das symbolische Geschenk aus dieser Phantasiereise hilft darüber hinaus, das eigene Selbstbild besser auszuleuchten oder in Nuancen auszumalen.*

Wann habt ihr zuletzt ein schönes Geschenk bekommen?… Wer hat schon einmal ein Geschenk bekommen, das ihn völlig überrascht hat?… Wer erfüllt sich selbst gern wichtige Wünsche?…

Ich möchte euch zu einer Phantasiereise einladen, bei der sich für euch eine sehr angenehme Möglichkeit ergibt.

Macht es euch bequem und schließt die Augen…

Stell dir vor, dass du in einem schönen fremden Land bist, am Ufer eines Sees… Es ist Nachmittag, und die Sonne des Sommertages sendet ihr warmes Licht in die herrliche Landschaft. In der Ferne erblickst du vielleicht einige kleine Boote… Du fragst dich, warum du nicht ein wenig am Ufer des Sees entlanggehen solltest… Bäume und Blumen sind auf beiden Seiten des Uferweges…

Du möchtest ein paar glückliche und friedliche Stunden erleben und glaubst, dass das hier möglich ist… Du bekommst allmählich Lust, auch das Land zu erforschen. Du lenkst deine Schritte in die Wälder… Die Vögel singen und die Sonne, die durch die Bäume scheint, legt einen leuchtenden Pfad vor dich, dem du folgst… Es ist so, als ob sie dich irgendwohin führt…

Auch die Vögel folgen diesem Sonnenpfad und begleiten dich auf deinem Weg…

Weiter und weiter gehst du durch den Wald… Du kommst an eine Lichtung… Dort schaust du dich um…

Die Sonnenstrahlen lenken nun deinen Blick in die Ferne, wo du zu deiner Überraschung ein wunderschönes Schloss siehst. Das Schloss sieht so aus, wie du dir schon immer ein richtiges Schloss vorgestellt hast…

Die Vögel zwitschern jetzt lauter, und ganz aufgeregt fliegen sie in Richtung des Schlosses… Man könnte meinen, dass sie dich auffordern, ihnen zu folgen… Du kommst dem Schloss näher und näher und dein Herz schlägt vor Erwartung schneller…

Du gehst immer weiter auf das Schloss zu, und nun bist du fast dort angekommen… Bei deiner Ankunft öffnet sich das Tor, als ob du erwartet würdest… Du siehst den Eingang des Schlosses, und da öffnet sich langsam eine prächtige Tür für dich… Du spürst, dass du willkommen bist… Du betrittst das Schloss, aber niemand ist da…

Du beginnst die wunderbaren Räume zu erforschen. Du bewunderst die Schönheit der Zimmer und Säle, geschmückt mit Teppichen, Lampen, behaglichem Mobiliar, Leuchtern, Bildern und vielen anderen anregenden und prächtigen Dingen… Lass dir Zeit, durch die Räume des Schlosses zu gehen und all das zu entdecken, was dein Interesse wecken kann und was dir wertvoll erscheint… (2-3 Min.)

Irgendwie ahnst du, dass die Zeit, die du im Schloss verbringen darfst, beinahe um ist. Und ohne jemanden sehen zu können, hörst du eine freundliche Stimme sagen: Schau auf all die schönen Dinge in meinem Schloss. Ich möchte dir ein Geschenk zum Andenken machen. Entscheide dich für eine Sache – sie soll dir gehören! Es gibt nur eine Bedingung: Du musst imstande sein, dein Geschenk allein zu tragen.

Blicke dich noch einmal um und wähle etwas aus, das dir gefällt…

Die Stimme sagt dir jetzt Lebewohl und wünscht dir, dass du den Gegenstand genießen kannst, der jetzt dir gehört…

Du verlässt das Schloss mit dem Gegenstand, glücklich und zufrieden, und du kannst das Erinnerungsstück in der Phantasie hierherbringen, um es jetzt in aller Ruhe zu betrachten… Schau es dir an von allen Seiten… Du kannst dir auch vorstellen, dass du darum herumgehst oder dass du es mit den Händen herumdrehst… Sieh es dir gut an, von oben und von unten… Möchtest du daran riechen? Wie fühlt es sich an?…

Und nun kannst du dein Mitbringsel noch auf eine andere Weise erforschen. Gib dem Gegenstand deine Stimme. Sprich langsam als der Gegenstand über dich und erzähle, welche Qualitäten du hast, wozu du da bist, wofür die Menschen dich schätzen. Gib eine kleine Beschreibung von dir selbst als dieser Gegenstand… (1 Min.)

Nun wird es Zeit, dass du dich von dem Gegenstand verabschiedest. Sag ihm Adieu und vielleicht magst du ihn in deiner Erinnerung aufbewahren. Komm langsam mit deiner Aufmerksamkeit hierher zu uns anderen zurück und öffne dann die Augen…

Die Suche

Nicht alle Kinder und Jugendliche haben das Glück, in ihrer Familie oder Bekanntschaft «Groß»-Eltern zu finden, die ihnen gelegentlich eine wichtige Einsicht, einen wesentlichen Grundsatz vermitteln können. Solche Großväter oder Großmütter erzählen manchmal Geschichten, um dezente und akzeptable Hinweise zu geben, in welcher Richtung wohl Antworten auf akute Fragen und Probleme zu finden seien.

Diese Phantasie hilft den Teilnehmern, einer weisen und geistigen Großeltern-Figur innerlich zu begegnen und von ihr Unterstützung zu bekommen. Schlagen Sie diese Übung nur vor, wenn die Teilnehmer gut miteinander und mit Ihnen vertraut sind.

Kennt ihr Fragen, auf die man nicht so schnell eine Antwort finden kann?… Habt ihr schon einmal plötzlich aus euch selbst oder von einem anderen eine Antwort auf eine wichtige Frage bekommen?… Welche Fragen haben euch bewegt, als ihr kleiner wart?…

Manchmal suchen wir nach Menschen, die uns Anstöße geben können, damit wir unsere Antworten selbst finden.

Setzt euch bequem hin und schließt die Augen…

Stell dir vor, dass du auf eine weite Reise gegangen bist. Du suchst irgendetwas, was dir wichtig ist… Du weißt noch gar nicht genau, was du finden möchtest, eine kleine Unruhe oder Sehnsucht hat dich auf die Reise gehen lassen…

Nun kannst du dir vorstellen, dass du in einem fernen Land bist, wo die Menschen noch so leben wie früher… Lass es ein warmer Tag sein und sieh, wie du auf einer schmalen Landstraße wanderst… In der Ferne kannst du vielleicht einige bunt gekleidete Männer und Frauen zur Arbeit gehen sehen und Kinder, die ihnen folgen…

Du bist auf dem Weg zu einem Dorf, weil du gehört hast, dass hier eine sehr alte weise Person lebt, die schon vor vielen Jahren erleuchtet wurde. Und aus vielen Teilen des Landes sollen immer wieder Leute hierherkommen, um an der Weisheit dieses Menschen teilzuhaben…

Du gehst weiter und kommst zu dem uralten Baum, unter dessen weit ausladenden Ästen die weise Person sitzen soll… Ja, auch der große Felsbrocken passt zu den Beschreibungen… Und die merkwürdige Biegung im Stamm des Baumes… Ja, hier wurde die weise Person selbst erleuchtet und lässt andere daran teilhaben…

Geh dichter an den Fuß des Baumes und setz dich auf den Boden, angelehnt an den starken, glatten Stamm… Und sitz mit geschlossenen Augen da, nimm die Ruhe und die Schönheit des Platzes in dich auf und warte darauf, selbst etwas Erleuchtung zu finden…

In der Stille spürst du, wie ein sanfter Windhauch deine Haut streichelt… Du öffnest die Augen und siehst ein strahlendes Licht. Darin kannst du die Anwesenheit der weisen Person bemerken… Und es kann ein Mann sein oder eine Frau… Er oder sie wird gleich zu dir sprechen mit einer sehr angenehmen Stimme. Du wirst einige positive Dinge über dich hören, Dinge, die zu hören dir wohltut… Hör aufmerksam zu, was die weise Person über dich weiß… (1 Min.)

Nun antworte der weisen Person. Du kannst ihr alles sagen, was vielleicht sonst schwer zu sagen ist… Lass dir Zeit für diese Unterhaltung, von der du das Gefühl haben kannst, dass sie viel länger dauert… (2 Min.)

Nun ist es Zeit für deine Frage. Sag der weisen Person, was du wissen möchtest, damit du nachher zufriedener sein kannst. Höre auf die Antwort, die vielleicht in Worten kommt oder auf eine andere Weise… (2 Min.)

Du spürst, dass es nun Zeit für den Abschied ist. Sagt einander Lebewohl und dann komm gut ausgeruht und angeregt von deiner langen Reise wieder hierher in diesen Raum und zu uns allen zurück…

Öffne nun langsam die Augen und schau dich um.

Stoffpuppe

 Dies ist eine einfache Möglichkeit für jüngere Teilnehmer, sich tief zu entspannen.

Gleich kannst du herausfinden, ob du dich im Wachzustand so gut entspannen kannst wie im Schlaf… Du sollst dabei wach bleiben und auch hören, was ich zu dir sage…

Mach es dir ganz bequem – im Sitzen oder im Liegen… Schließ deine Augen und lass deinen Körper ganz schlaff werden, während ich spreche… Bewege Füße und Zehen ein wenig und lass sie dabei locker werden… Lass sie so locker werden wie die Füße einer Stoffpuppe…

Lass auch deinen Bauch locker werden, so locker, wie der mit Watte gefüllte Bauch einer Stoffpuppe…

Und wenn du jetzt beide Hände zur Faust ballst und die Finger kräftig zusammenpresst, dann hast du die Möglichkeit, dich zu entspannen, indem du deine Hände anschließend ganz langsam öffnest. Überprüfe deinen ganzen Körper, ob es noch irgendeine Stelle gibt, die nicht so locker ist wie bei einer Stoffpuppe… Wenn du eine solche Stelle findest, kannst du eine Hand darauf legen und im Stillen sagen: «Entspann dich… Alles ist sicher… Du kannst so locker sein wie eine Stoffpuppe.» (1 Min.)

Behalte nun das gute Gefühl der lockeren Stoffpuppe und sei wieder du selbst. Atme ein Mal tief aus und öffne in deinem Rhythmus die Augen. Sei wieder hier, erfrischt und wach.

Tief atmen

Bewusstes Atmen bringt Entspannung und frische Energie. Besonders wenn wir uns konzentrieren und scharf nachdenken, wird viel Sauerstoff von unserem Gehirn verbraucht. Dann ist es umso wichtiger, dass wir in kürzeren Intervallen für ein gründliches und tiefes Atmen sorgen. Hier lernen die Jugendlichen eine ganz einfache Atemübung, auf die sie immer wieder zurückgreifen können.

Mach es dir auf deinem Stuhl bequem. Stell deine Füße nebeneinander flach auf den Boden. Deine Hände kannst du auf die Knie legen, am besten mit den Handflächen nach oben.

Schließ nun bitte die Augen und halte sie ein paar Minuten lang geschlossen, bis ich dir sage, dass du sie wieder öffnen kannst.

Hol einmal tief Luft und atme ganz gründlich aus. Stell dir vor, dass du deinen Atem einmal um den ganzen Erdball herumschickst…

Nun hol wieder Luft; lass sie diesmal langsam aus dir heraus und schick sie wieder weit in die Welt hinein. Atme dann langsam weiter. Zieh die Luft gründlich in dich hinein und schick sie beim Ausatmen weit, weit weg von dir…

Leg deine Hände auf deinen Bauch und spüre, wie der Bauch sich beim Atmen hebt und wieder senkt…

Jetzt kannst du dir auch vorstellen, dass du einen Riesenluftballon aufbläst… Wenn er voll ist, dann lass einen Wind kommen und den Luftballon mitnehmen… (1 Min.)

Wenn du so tief atmest, dann wirst du nicht nur wach, sondern auch stark. Du spürst die Energie deines Körpers, die dafür sorgt, dass du Freude am Leben haben kannst. Immer wenn du dich erschöpft fühlst, kannst du dir vorstellen, dass du einen großen, bunten Luftballon aufbläst, und beim Ausatmen kannst du alles, was dich im Augenblick belastet, mit hineinpusten. Dann lässt du den Luftballon einfach vom Wind forttragen.

Atme nun ein Mal tief aus und öffne die Augen, wenn du dazu bereit bist.

Der fliegende Teppich

 Hier können sich die Teilnehmer einen alten Wunschtraum erfüllen und wie durch ein Wunder schwerelos herumfliegen. Dieses Erlebnis sorgt nicht nur für eine angenehme Entspannung, es stärkt auch unser Selbstvertrauen. Automatisch versteht jeder, dass der fliegende Teppich eine Metapher für unsere geistige Fähigkeit ist, intensiv zu erleben, in einen anderen Bewusstseinszustand zu gehen und «Flow» zu genießen.

Mach es dir auf deinem Platz bequem und schließ die Augen. Halte deinen Rücken schön gerade und schenke dir drei tiefe Atemzüge, mit denen du die verbrauchte Luft vollständig aus deinem Körper hinaus-presst. Mit jedem Atemzug kannst du dich besser entspannen. Und wenn du dann weiteratmest, kannst du darauf vertrauen, dass dein Körper weiß, was er zu tun hat, um dich mit frischem Sauerstoff zu versorgen.

Jetzt lade ich dich zu einer Phantasiereise ein, bei der ein kleines Abenteuer auf dich wartet.

Stell dir vor, dass du draußen in der Natur bist und über ein Feld läufst, bis du zu einer alten Landstraße kommst. Sie ist nicht gepflas-tert, sondern besteht nur aus Sand und Steinen… Folge dieser Straße, bis du ein altes Schloss siehst… Während du näher kommst, bemerkst du, dass die große Eingangstür halb offen steht. Du freust dich über diese Einladung und gehst in das Schloss hinein… Zunächst steigst du eine breite Freitreppe empor, und dann geht es weiter durch ein enges Treppenhaus zu einer Wendeltreppe, die nach oben auf den Schloss-turm führt… Schritt für Schritt gehst du nach oben und zählst die Stu-fen… Es sind mindestens 99, bis du oben angekommen bist… (1 Min.)

Oben auf dem Turm findest du ein winziges Zimmer, in dem eine kleine, alte Frau sitzt. Sie lächelt dich an und sagt: «Ich bin so froh, dass du kommst und mich besuchst.» Dann sagt sie noch: «Ich habe ein Geschenk für dich.» Mit diesen Worten überreicht sie dir einen zusammengerollten, alten Teppich. Du dankst der alten Frau höflich und fragst dich, was du mit dem Teppich anfangen sollst. Du rollst ihn auf dem Boden aus und entdeckst, dass Bilder aus deinem Leben in schönen, hellen Farben hineingewebt sind. Du nimmst dir ein wenig Zeit, um diese Bilder zu betrachten. Du bekommst Lust, dich auf den Teppich zu setzen, der so gut zu dir passt. Und nun erklärt dir die alte Frau, dass dies ein Zauberteppich ist. Er kann nämlich fliegen, wenn du einen Zauberspruch sagst. Dann wird der Teppich losfliegen und dich überall hinbringen, wohin du willst. Der Teppich ist alt und erfahren. Wenn du mit ihm fliegst, bist du vollkommen sicher…

Bedanke dich bei der alten Frau… Dann hast du zwei Minuten Zeit, um überall hinzufliegen, wo du immer schon einmal sein wolltest und um all das zu tun, wozu du vielleicht schon immer Lust hattest. Beginnen musst du allerdings mit deinem Zauberspruch… (2 Min.)

Lass dich nun von deinem Teppich hier in unserem Raum absetzen. Bedanke dich bei ihm und schick ihn weg. Du kannst ihn jederzeit wieder herbeirufen, wenn dir danach zu Mute ist.

Und nun atme ein Mal tief aus und öffne in deinem eigenen Rhythmus die Augen. Sei wieder hier, erfrischt und wach.

Vollmond

Der Mond hat zu allen Zeiten die Erdbewohner fasziniert, vielleicht weil er seine Position jede Nacht verändert und weil er uns mal kleiner und mal größer erscheint. Bei der so viel helleren Sonne ist das nicht der Fall. Darum haben sich unsere Vorfahren bemüht, an den magischen Kräften des Mondes teilzuhaben. Auf dieser Idee beruht auch die folgende Phantasiereise, die den Teilnehmern frische Energie schenken möchte.

Mach es dir auf deinem Platz bequem und schließ die Augen. Atme drei Mal tief aus…

Ich möchte dich zu einer Phantasiereise einladen… Stell dir vor, es ist Winter, ein richtiger, kalter Winter…

Du stehst mitten in der Nacht auf einem Hügel… Vielleicht ziehen einige Wolken über den Himmel, beladen mit Schnee, der bald auf die Erde fallen wird. Es bläst ein kalter Wind, und du freust dich, dass du so warm angezogen bist. Deine Augen tränen ein wenig, und deine Ohren sind vom Rauschen des Windes erfüllt. Du siehst nicht sehr viel, nur ein paar Sterne am Himmel, und du bist ganz allein. Der Winter hat alles zugedeckt, überall liegt Schnee. Das Leben hat sich zurückgezogen…

Du wartest darauf, dass irgendetwas geschieht, und plötzlich erscheint der Mond am Horizont und steigt immer höher. Du erkennst, dass es der Vollmond ist, der dich nun mit seinem heiligen Licht übergießt. All das Licht des Mondes fließt über dich und du vergisst, wie kalt es ist und wie unfreundlich du vom Wind geschüttelt wirst…

In diesem Augenblick erinnerst du dich daran, dass die Menschen in alten Zeiten das Recht hatten, dem Vollmond einen wichtigen Wunsch zu nennen, und wenn sie Glück hatten, dann wurde ihnen dieser Wunsch erfüllt. Welchen wichtigen Wunsch möchtest du dem Mond anvertrauen?… (1 Min.)

Und wenn du dem Mond deinen Wunsch vorgetragen hast, dann hast du alles getan, was jetzt möglich ist. Überlass es dem Mond, deinen Wunsch zu hüten. Vielleicht wird dieser Wunsch so in Erfüllung gehen, wie du es dir vorstellst, vielleicht wirst du aber auch eine Überraschung erleben…

Mach dich nun auf den Rückweg und kehre aus der kalten Winternacht hierher zurück. Sei sicher, dass dein Wunsch in guten Händen ist…

Atme jetzt ein Mal tief aus und öffne in deinem eigenen Rhythmus die Augen. Sei wieder hier, erfrischt und wach.

Zauberinsel

 Dies ist eine Phantasiereise, bei der die Teilnehmer in die Welt des Märchens eintauchen können. Wir benötigen Märchen, weil sie uns mit lebensnotwendigen Illusionen versorgen, die wir zum Ausgleich für die Härten des Lebens brauchen. Zugleich weisen die Märchen darauf hin, dass nichts im Leben so ist, wie es zu sein scheint. Es gibt Dinge, die spurlos verschwinden, und es gibt Türen, die sich plötzlich öffnen, und wenn wir Glück haben, entwickeln wir Erfindungsgeist und Weisheit und führen mit ihrer Hilfe ein gutes Leben. Mit anderen Worten: Märchen sorgen für Optimismus. Dadurch, dass die Teilnehmer den Gang der Dinge selbst festlegen, stärken sie ihr Selbstbewusstsein und ihre Entschlossenheit.

Mach es dir auf deinem Platz bequem und schließ die Augen. Heute will ich dir eine weitere Möglichkeit zeigen, wie du dich entspannen kannst.

Nimm beide Hände und forme aus ihnen zwei Halbkugeln mit leicht gespreizten Fingern. Beginne nun, gleichmäßig und gründlich zu atmen und klopfe mit den Fingern sanft auf alle Teile deines Körpers, die dir beim Atmen helfen müssen:
- Klopfe auf deine Stirn und auf deine Schläfen…
- Klopfe auf beide Wangen und auf dein Kinn…
- Klopfe auf die Seiten deines Halses…
- Klopfe auf deine Brust und auf die Rippen…
- Klopfe auf deinen Bauch…
- Und zum Schluss klopfe oben auf deinen Kopf, auf dein Schädeldach…

Bemerke, wie die feinen Erschütterungen deinen Nerven guttun und wie sie es dir leichter machen, tief und erfrischend zu atmen…

Nun kannst du dich von mir auf eine Phantasiereise entführen lassen…

Stell dir vor, dass du in deinem Zimmer bist. Du öffnest die Tür zu einem alten Schrank, in dem du deine Sachen aufbewahrst… Im

Innern dieses Schranks gibt es eine geheime Tür. Du öffnest auch sie… Dahinter entdeckst du eine lange Rutsche. Sie ist viel länger als alle Rutschen, die du bisher gesehen hast. Sie hat viele Kurven und manchmal ist sie steil und manchmal beruhigend flach. Diese Rutsche ist absolut sicher; du kannst ihr vertrauen. Steig einfach auf die Rutsche und beginne deine Fahrt, tiefer und tiefer hinab, bis du unten ankommst…

Dort entdeckst du einen See. Stell dich ans Wasser und schau dich um… Bemerke, dass ein kleines Boot auf dich zukommt und dir anbietet, dich auf eine Insel mitten im See zu bringen. Diese Insel ist heute nur für dich reserviert. Nur du hast heute das Recht, dir hier Wünsche zu erfüllen, die du schon immer hattest. Hier findest du einen Spielplatz mit allem, was dir gefällt. Vielleicht möchtest du ein paar Runden auf einem altmodischen Karussell drehen oder Achterbahn fahren, vielleicht willst du einen Autoskooter ausprobieren oder lieber auf einer Kartbahn flitzen? Du kannst selbst entscheiden, was es hier geben soll. Außerdem hast du das Recht, Freunde hierher einzuladen. Möchtest du Gesellschaft haben? Und wenn ja, welche Menschen sollen zu dir kommen? Du hast jetzt drei Minuten messbare Zeit, um diese wunderbare Gelegenheit zu genießen. Diese Zeit wird dir viel länger vorkommen, und du wirst staunen, was du alles in dieser Zeit erleben kannst… (3 Min.)

Jetzt wird es Zeit, dass du den Spielplatz und die Insel wieder verlässt. Verabschiede dich und bedanke dich bei allen, die dir dieses Abenteuer ermöglicht haben. Merk dir diesen Platz, damit du später wieder hierher zurückkehren kannst, wenn du das möchtest…

Atme nun ein Mal tief aus und öffne in deinem eigenen Rhythmus die Augen. Sei wieder hier, erfrischt und wach.

Das Motorrad

Alles, was fährt, kann uns begeistern. Wir wissen, welche riesige Erleichterung die Erfindung des Rades der Menschheit gebracht hat. Und ganz gleich, ob zwei oder vier Räder, wenn dann noch ein Motor dazukommt, fallen viele von uns auf der Stelle in eine leichte Trance. Sie fühlen sich verjüngt, gestärkt und eine Zeit lang allmächtig. In früheren Zeiten war es das Pferd, das ähnliche Gefühle auslöste. In dieser Phantasie wählen wir als Metapher das Motorrad, damit die Teilnehmer die eine oder andere Einsicht in ihre Persönlichkeit gewinnen können.

Mach es dir auf deinem Platz bequem und schließ die Augen. Atme drei Mal tief aus und überlass es deinem Körper, dafür zu sorgen, dass du gut mit Sauerstoff versorgt wirst und dich mit jedem Atemzug ein kleines bisschen mehr entspannst.

Ich will dir jetzt eine Möglichkeit zeigen, wie du dich entspannen und das Leben noch mehr genießen kannst. Stell dir vor, dass dir jemand gegenüber sitzt, den du wirklich gern hast… Stell dir weiter vor, dass diese Person dich freundlich anlächelt. Lass dieses Lächeln in dich einsinken… und lächle zurück… Spüre, wie die Muskeln um deine Augen und in deinem ganzen Gesicht locker werden, wenn du lächelst. Schick nun dein Lächeln in die Stellen deines Körpers, wo du vielleicht unruhig bist, unsicher, wo du Stress empfindest, Angst oder Enttäuschung…

Schick das Lächeln auch in dein Herz und gestatte dir ein besonders gutes Gefühl. Sei dankbar, dass du lebendig bist und frei atmen kannst… (15 Sek.)

Stell dir nun vor, dass du dich in ein Motorrad verwandelst… Welche Art von Motorrad möchtest du sein?… Wahrscheinlich hast du ja schon unzählige Motorräder in deinem Leben gesehen, in allen Farben und Größen, Einsitzer und Zweisitzer, Motorräder mit einem, mit zwei, drei oder sogar vier Zylindern. Oder willst du lieber ein Scooter oder Motorroller sein? Welche Art Motorrad möchtest du sein?…

Und wenn du das weißt, dann kannst du auch die Frage beantworten: Was für ein Leben führst du als Motorrad? Wo hältst du dich die meiste Zeit auf? Und wie gefällt es dir da?...

Wo ist dein Zuhause und wohin fährst du von dort? Wie fühlst du dich als dieses Motorrad?... Lass dir Zeit und erforsche möglichst viele Einzelheiten aus dem Leben dieses Motorrads... (2 Min.)

Lass nun deinen Motor an und fahre irgendwo hin... Wie startest du und welchen Klang hat dein Motor, wenn du Gas gibst?...

Durch welche Gegenden fährst du? Und auf welchem Untergrund rollen deine Reifen? Wie arbeiten deine wichtigsten Teile: deine Bremsen... deine Federung... dein Antrieb... deine Lenkung...?

Wie fühlt es sich an, wenn du über den Boden rollst? Welche Pisten liebst du besonders – Autobahnen, Schnellstraßen, Waldwege? Fährst du auch manchmal querfeldein?...

Und nun schau dich bitte einmal um und sieh nach, wer der Fahrer ist. Welche Gefühle hast du für den Fahrer? Wie ist die Beziehung, die zwischen euch besteht?...

Lass dir noch einmal etwas Zeit, um über diese Dinge nachzudenken und herauszufinden, was in deinem Leben alles möglich ist...

Wenn du willst, kannst du nun eine Unterhaltung mit dem Fahrer beginnen. Was hast du ihm zu sagen? Welche Wünsche hast du an ihn? Und was hat der Fahrer auf dem Herzen? Lass dir ein paar Minuten Zeit für dieses Gespräch...

Komm nun mit deiner Aufmerksamkeit hierher zurück. Erinnere dich an alles, was für dich wichtig ist. Atme ein Mal tief aus, und öffne die Augen in deinem eigenen Rhythmus. Sei wieder hier, erfrischt und wach.

Anmerkung: Kreatives Malen kann das Phantasieerlebnis vertiefen; sowohl das Motorrad als auch der Fahrer bieten sich dafür an.

Diese Struktur kann leicht variiert werden, indem sich die Teilnehmer z. B. in ein Flugzeug verwandeln oder in ein Wasserfahrzeug.

Der magische Ballon

Im Sommer sehen wir überall bunte Heißluftballons in den Himmel steigen und langsam mit dem Wind über das Land gleiten. Fast jeder folgt ihnen mit sehnsüchtigen Blicken und dem Wunsch, irgendwann einmal dieses Erlebnis genießen zu können, dessen erhabene Ruhe nur ab und zu vom Fauchen des Gasbrenners gestört wird.

Der Heißluftballon ist eine Metapher für unsere Sehnsucht, für unsere Abenteuerlust und nicht zuletzt auch für unser Bedürfnis nach transzendenten Erfahrungen. Für Kinder und Jugendliche aller Altersstufen ist er ein perfektes Bild.

Ich werde euch gleich zu einer Phantasiereise einladen. Zuvor etwas zur Entspannung und Konzentration.

Stell dich neben deinen Stuhl, halte deinen Rücken ganz gerade und sei eine starke Eiche. Lass deine Arme mächtige Äste sein, die sich weit in den Himmel emporstrecken… Deine Füße sind Wurzeln, die tief in die Erde hinabreichen, um dir Halt zu geben und um Wasser zu trinken… Wie stark du bist! Nichts kann dich erschüttern… Spüre, wie Sonne Luft und Regen durch deine Äste und Zweige gehen und dir immer mehr Kraft geben…

Deine starken Wurzeln halten dich, während der Wind durch deine Krone bläst… (30 Sek.)

Nun kannst du dich auf deinen Platz setzen und die Augen schließen. Atme ein Mal tief aus und verlass dich darauf, dass dein Körper dich mit genügend Sauerstoff versorgt…

Stell dir vor, dass du vor einem großen, bunten Heißluftballon stehst, an dem ein Korb für die Passagiere befestigt ist. Steig ein und genieße es, wenn der Ballon langsam in die Höhe schwebt…

Dies ist ein magischer Ballon, der genau das tun wird, was du von ihm verlangst. Dirigiere den Ballon zunächst zu deinem Lieblingsferienort. Schwebe dahin, durch weiße Wolken, bewegt von sanften Winden… Sieh die grünen Bäume unter dir und staune, wie klar alles zu sehen ist…

Fühlst du dich entspannt in deinem magischen Ballon?... Nun bist du über deinem Lieblingsferienort. Sag dem Ballon, dass er landen soll weil du dich hier eine Weile aufhalten möchtest...

Nimm deinen Fotoapparat und fotografiere alles, was du siehst... Entdecke in der Nähe ein unbewohntes Haus... Geh hinein und schau dich um. Geh in jedes Zimmer und finde irgendetwas, was du mitnehmen möchtest... (30 Sek.)

Nun verlässt du das Haus wieder und steigst in die Gondel. Flieg wieder los und betrachte diesen Ort noch einmal von oben. Dann beginne den Rückflug nach Hause... Und bereite dich jetzt darauf vor, hierher in diesen Raum zurückzukehren...

Bedank dich bei dem Ballon, lass ihn landen und verabschiede dich von ihm. Atme ein Mal tief aus und öffne in deinem eigenen Rhythmus die Augen. Sei wieder hier, erfrischt und wach.

Anmerkung: Die hier erlebten Abenteuer können durch eine Collage oder durch ein gemaltes Bild vertieft werden.

Geburtstagsparty

Geburtstagspartys sind für Heranwachsende doppelt wichtig: Sie sind ein Symbol für die eigene Entwicklung und die zunehmende Selbstständigkeit. Andererseits vermitteln sie auch das Gefühl der Verbundenheit mit Freunden und Schicksalsgenossen. Schließlich sind sie ein Spiegel unserer Popularität. Und die Frage, von wem wir eingeladen werden, beschäftigt uns oft mehr, als uns lieb ist.

Ich möchte dir eine neue Möglichkeit zeigen, dich zu entspannen. Du wirst dich dabei sehr gut fühlen. Stell dich bitte neben deinen Platz, streck einen Arm nach der Seite aus und mach mit der Hand eine feste Faust... Stell dir vor, dass dein Arm sehr, sehr stark ist, so stark wie ein kräftiger Ast an einem dicken Baum. Press die Hand noch fester zusammen und spann den Arm immer mehr an, so stark, dass ich ihn nicht runterdrücken kann und nicht biegen kann... Stell dir vor, dass dein Arm so stark und mächtig ist wie der Arm von Tarzan oder von Superman oder von einem deiner Lieblingshelden...

Zähle nun bitte im Stillen von zehn rückwärts, und wenn du bei null angekommen bist, dann öffne die Hand, schüttle den Arm aus und lass das Gefühl der Entspannung sich in deinem ganzen Körper verbreiten. Nimm wieder Platz.

Mach es dir jetzt auf deinem Stuhl bequem und schließ die Augen. Atme ein Mal tief aus und stell dir vor, dass heute schon dein nächster Geburtstag wäre. Wie alt bist du dann?... Dies soll kein gewöhnlicher Geburtstag sein. Du hast alle die Menschen eingeladen, die dir am meisten auf der Welt bedeuten. Sie können jedes Alter haben und sie müssen nicht zu deiner Familie oder deinem Freundeskreis gehören. Sie können auch vor langer Zeit gelebt haben, oder wenn du das willst, wird der eine oder andere auch erst irgendwann in der Zukunft geboren...

Jeder von den Gästen wird dir ein Geschenk mitbringen. Der Tisch ist gedeckt und die Speisen stehen bereit. Wie fühlst du dich bei dieser feierlichen Gelegenheit?...

Nun geht die Tür auf und die Gäste kommen herein. Wer sind sie und was sagen sie zu dir? Was sagst du zu ihnen?...

Einer nach dem anderen gibt dir ein Geschenk... Pack jedes Päckchen sorgsam aus und sieh nach, was drin ist...

Danke jedem für sein Geschenk und drücke deine Gefühle so aus, wie es für dich passend ist – mit Worten oder ohne Worte...

Leg nun deine Geschenke zur Seite und feiere mit deinen Gästen. Gibt es irgendwelche Dinge, die du auf dieser Party gern erleben möchtest?...

Allmählich kommt der Zeitpunkt heran, an dem die Party zu Ende geht. Wie fühlst du dich bei diesem Gedanken?...

Verabschiede dich von jedem Gast einzeln und schließ nach dem letzten Gast die Tür. Wie fühlst du dich jetzt, am Ende deiner Geburtstagsparty?...

Atme nun ein Mal tief aus und öffne dann in deinem eigenen Rhythmus die Augen. Sei wieder hier, erfrischt und wach.

Das erste Schuljahr

Wenn wir an das Ende unserer Kindheit und an unseren Eintritt in die Schule zurückdenken, dann haben wir oft bittersüße Erinnerungen. Der Schmerz über den Verlust an Geborgenheit und über die Trennung von der Mutter verbindet sich mit dem Vergnügen an mehr Unabhängigkeit und dem Genuss neuer Freundschaften. Viele von uns erleben diese Zeit sehr intensiv, und manche Erlebnisse haben sich uns unauslöschlich in das Gedächtnis eingegraben. Der Rückblick auf diese Zeit der Unsicherheiten kann uns helfen festzustellen, dass wir weitergekommen sind und es geschafft haben, unser eigenes Leben aufzubauen.

Mach es dir auf deinem Platz bequem und schließ die Augen. Atme ein Mal tief aus. Dabei kannst du alles, was dir Sorgen bereitet, für eine Weile vergessen – alle Unruhe, allen Kummer, allen Ärger, alles, was dich bedrückt... Du kannst dir auch vorstellen, dass über deinem Kopf ein helles und warmes Licht scheint, das dir ein gutes Gefühl gibt, sodass alle Anspannung aus deinem Gesicht weicht... Deine Kiefermuskeln lockern sich und dein Mund öffnet sich ein wenig... Vielleicht hast du sogar Lust, ein kleines Lächeln zu zeigen.

Lass das warme Licht sich auch auf deinen Nacken und deine Schultern legen... Lass es in deine Arme fließen, in deinen Bauch und in deine Beine... Spüre, dass deine Muskeln überall locker und warm werden und frei von jeder Anspannung. Und wenn du irgendwo noch etwas spürst, das sich nicht gut anfühlt – Unruhe oder Unbehagen – dann kannst du eine Hand auf diese Stelle legen und unhörbar zu ihr sagen: «Du kannst jetzt loslassen... Alles wird gut...»

Und nun möchte ich dich zu einer Phantasiereise in die Vergangenheit einladen, als du die ersten Schritte gemacht hast, um so weit zu kommen, wie du heute bist... Geh zurück in die Zeit, als du gerade in die erste Klasse deiner Grundschule gekommen warst... Kannst du dich daran erinnern, wie dein erstes Klassenzimmer aussah?... Kannst du dich an deine ersten Klassenkameraden erinnern?... Gab es jemanden darunter, den du auf den ersten Blick mochtest?… Gab es jemanden, vor dem du etwas Angst hattest?…

Weißt du noch, wie groß dir die Stühle und Tische vorkamen?… Und was für eine Person war deine Lehrerin oder dein Lehrer?… Hattest du den Eindruck, dass dieser Mensch Kinder gern hatte?… Wie viel Vertrauen hattest du zu ihr oder ihm?…

Und kannst du dich daran erinnern, was du in diesem Klassenzimmer alles erlebt hast?… Dreh die Zeit zurück und stell dir vor, dass du jetzt noch einmal in diesem Klassenzimmer bist. Wie riecht es dort?… Welche Farben siehst du?… Welche Geräusche hörst du?… Geh nun nach draußen auf den Schulhof. Was machst du auf dem Schulhof?… Spielst du mit den anderen Kindern?… Hast du einen Freund, mit dem du viel zusammen bist?… Wie findest du die anderen Kinder, die dort in der Pause spielen und miteinander sprechen?… Bist du gern mit diesen Kindern zusammen?…

Erinnere dich auch an deinen Schulweg. Wie kommst du als Erstklässler zur Schule?… Wirst du gebracht oder gehst du allein?… Musst du mit einem Schulbus fahren?… Was siehst du auf dem Weg zur Schule?… Und mit welchen anderen Kindern bist du zusammen?…

Sei nun wieder in deinem wirklichen Alter und blicke noch einmal zurück auf diese ersten Schultage. Wahrscheinlich bist du nicht immer gern zur Schule gegangen. Trotzdem hat die Schule dir geholfen, selbstständiger und tüchtiger zu werden. Du spürst, dass du stolz auf dich sein kannst, wenn du deinen Rücken ganz gerade machst und dein Kinn ein paar Millimeter anhebst. Was würdest du sagen, wenn man dich in einem Interview fragte: «Worauf bist du am meisten stolz?»

Die Antwort auf diese Frage kommt dir vielleicht in Worten, vielleicht siehst du aber auch ein Bild oder du spürst irgendeine Stelle in deinem Körper, die sich meldet und dir ein Gefühl der Kraft gibt…

Ein solche Reise in die Vergangenheit kannst du ab und zu wiederholen, um festzustellen, was sich alles verändert hat, was du alles gelernt hast. Das wird dazu beitragen, dass du dich noch besser fühlst.

Atme nun bitte ein Mal kräftig aus und öffne in deinem eigenen Rhythmus die Augen. Sei wieder hier, erfrischt und wach.

Der geheime Garten

Erwachsen zu werden bedeutet für viele Jugendliche auch, dass sie ganz neuartige Belastungen und Herausforderungen erleben. Oft wird ihr natürlicher Optimismus auf eine harte Probe gestellt. Immer wieder fühlen sie sich von Gefühlen der Unsicherheit, der Einsamkeit, der Enttäuschung oder der inneren Leere überwältigt. In solchen Zeiten brauchen wir eine Möglichkeit des emotionalen Rückzuges und der Regeneration. Besonders gut können wir uns von Metaphern der Natur helfen lassen. Wir alle verstehen sie, weil wir selbst ein Teil der Natur sind. Hier gehen die Teilnehmer in einen verwilderten Garten und bringen ihn in Ordnung. Damit tun sie genau das, was sie sich für ihre emotionale Welt wünschen.

Mach es dir auf deinem Stuhl bequem und schließ die Augen. Schalte nun auf Entspannung und innere Ruhe um. Achte darauf, dass dein Rücken ganz gerade ist, sodass du leicht atmen kannst. Schenk dir drei gründliche Atemzüge, indem du drei Mal tief und vollständig ausatmest…

In diesem Augenblick musst du nichts tun, und du brauchst dir auch um nichts in der Welt Sorgen zu machen. Dies ist deine ruhige Zeit, die Zeit, in der du in Frieden gelassen wirst, in der du dich erholen kannst. Dein Körper und dein Geist wissen, wie du dich am besten erholen kannst, und ich will versuchen, dich dabei zu unterstützen…

Stell dir vor, dass du irgendwo auf dem Land bist, auf einem Gelände, das einmal zu einem Gutshof gehörte… Vor dir siehst du eine große Mauer aus Feldsteinen, die ganz und gar mit Efeu bewachsen ist…

In der Mauer entdeckst du eine hölzerne Tür. Die Tür weckt deine Neugier und du öffnest sie und gehst hindurch…

Jetzt bemerkst du, dass du in einem großen Garten bist, der auf allen Seiten von dieser alten Steinmauer umgeben ist. Die Mauer sorgt dafür, dass es hier schön warm wird, sodass sich Pflanzen und Bäume gut entwickeln können…

Früher muss dieser Garten wunderschön gepflegt gewesen sein. Du erkennst noch die Blumenbeete, kleine Wasserbecken und verschiedene Hecken, die den großen Garten aufteilen. An einigen Stellen gab es offenbar auch einen Küchengarten mit Kräutern und Gemüsebeeten.

Doch jetzt sind alle Pflanzen wild gewuchert und du kannst nur schwer erkennen, wo Wege verliefen und wo Beete angelegt waren. Überall wachsen wilde Gräser und Pflanzen, die mancher von uns als Unkraut bezeichnen würde.

Du bekommst Lust, diesen verwilderten Garten wieder herzurichten, damit die Pflanzen mehr Licht und Luft bekommen. Fang an, alles zu tun, was ein Garten sich wünscht, indem du die Büsche beschneidest, Pflanzen jätest, Gras mähst, einiges umpflanzt, Dünger und Wasser verteilst. Tu einfach, was getan werden muss, damit der Garten wieder seine alte Schönheit zurückgewinnen und Früchte tragen kann…

Wahrscheinlich kannst du nicht alles auf einmal schaffen. Lass dir Zeit und verteile die Arbeit so, dass sie dir Spaß bringt. Wenn du Erholung brauchst, dann mach eine Pause und betrachte das, was du schon geschafft hast. Sprich ein paar Worte der Anerkennung zu dir selbst… (1 Min.)

Verabschiede dich nun von deinem Garten. Du kannst jederzeit zurückkehren, wenn du dich regenerieren willst. Atme ein Mal tief aus und öffne deine Augen. Sei wieder hier, erfrischt und wach.

Anmerkung: Der geheime Garten bietet eine schöne Gelegenheit für meditatives Malen. Dabei kann die Entspannung und innere Beruhigung noch vertieft werden.

Der kleine See

Auch hier greifen wir auf ein Naturbild zurück, um Entspannung zu bewirken. Besonders für Teilnehmer, die das Wasser lieben, ist das Bild des kleinen Sees eine hervorragende Möglichkeit, um zur Ruhe zu kommen.

Mach es dir auf deinem Platz bequem und schließ die Augen… Atme drei Mal tief aus… Jedes Mal kannst du dich dabei etwas tiefer entspannen… Du kannst diese Zeit genießen… Du fühlst dich sicher und ruhig… Und du kannst dich schon darauf freuen, weil du etwas Neues lernen wirst, das gut ist für deinen Körper und für deinen Geist. Es gibt viele Möglichkeiten, wie du dich erholen kannst…

Geh mit deiner Aufmerksamkeit nach innen, tief in deine Phantasie, dahin, wo deine Träume entstehen, wo deine Wünsche zu Hause sind und wo die Ideen herkommen, mit denen du Probleme löst…

Stell dir nun vor, dass es dort einen kleinen See gibt… ganz ruhig und friedlich, mit frischem, klarem Wasser, und genauso wie dieser See kannst du dich jetzt fühlen, still und ruhig…

Wirf einen kleinen Kieselstein in die Mitte des Sees und bemerke, wie sich nach allen Seiten kleine Wellen ausbreiten. Sie beginnen im Zentrum und wandern weiter und weiter nach außen… Einige Wellen breiten sich in deiner Brust und in deinen Armen aus, in deinen Beinen und Füßen… in deinem Rücken, in deinen Schultern, in deinem Nacken… und sogar im Inneren deines Kopfes…

Lass die kleinen Wellen deinen ganzen Körper beruhigen… mehr und mehr… Lass diese Stille aus der Mitte deines Körpers kommen und alles erreichen – deine Finger und Zehen… deinen Kopf und deinen Bauch… Spüre, wie dir das guttut… (30 Sek.)

Dieses Erlebnis kannst du dir jederzeit wieder verschaffen. Geh dazu in die Mitte deines Körpers und schließ die Augen… Stell dir den kleinen See vor und atme ein Mal tief aus, während du den Kieselstein in die Mitte des Wassers wirfst… Dann lässt du die kleinen Wellen überall in deinem Körper Ruhe, Frieden und Entspannung verbreiten…

Atme jetzt noch ein Mal tief aus und öffne in deinem eigenen Rhythmus die Augen, sei wieder hier, erfrischt und wach.

Seufzen

Wenn wir uns schnell mit frischer Energie versorgen möchten, dann ist nichts besser als bewusstes Atmen. Unser Atem weckt Körper und Geist und lässt beide eng zusammenarbeiten. Wenn wir uns außerdem schnell entspannen möchten, dann brauchen wir nur das Ausatmen mit einem deutlichen Seufzer zu verbinden. Das ist die perfekte Kurzentspannung.

Manchmal möchten wir uns erfrischen und stärken. Die beste Möglichkeit dazu bietet uns unser eigener Atem. Ich will dir zeigen, was du tun kannst – jetzt zum Ausprobieren und später immer wieder, wenn du müde oder angespannt bist.

Setz dich bequem hin… Halte den Rücken gerade, die Augen geschlossen… Nun hol ein Mal tief Luft, langsam und gründlich, indem du bis drei zählst… Und wenn du dann ausatmest, tu das mit einem tiefen, hörbaren Seufzer…

Und nun noch einmal: eins… zwei… drei… tief einatmen… Luft anhalten… und ausatmen mit einem deutlichen Seufzer…

Wenn du das wiederholst, dann stell dir vor, dass du frische, kühle Luft einatmest – Meerluft, Bergluft, Waldluft… Und wenn du ausatmest, dann kannst du alles ausatmen, was du nicht mehr brauchst – Müdigkeit, Anspannung und schlechte Laune…

Und noch einmal: eins… zwei… drei… langsam und tief einatmen… Luft anhalten… und ausatmen mit einem tiefen Seufzer… So ist es gut…

Und noch einmal… Denke daran, dass du frische und kühle Luft einatmest… Halte sie an… und atme mit einem tiefen Seufzer aus. Lass dabei alles Überflüssige aus dir hinausfließen – Müdigkeit, Unbehagen, Anspannung und schlechte Laune… So ist es gut…

Und nun reck und streck dich ein wenig – deine Finger, deine Hände, deinen ganzen Körper… Spüre, wie sich die Entspannung immer weiter in dir ausbreitet. Öffne nun deine Augen und schau dich um, erfrischt und wach.

Den Körper entspannen

Anspannung verengt unsere Blutgefäße und stört dadurch die Durchblutung unserer inneren Organe und unseres Gehirns. Auf die Dauer belastet das unseren Körper. Wir fühlen uns dann schwach oder reizbar, müde oder überfordert. Wenn wir dagegen entspannt sind, entdecken wir unsere Lust am Leben neu. Wir sind viel zufriedener mit uns selbst und wir können die Gegenwart anderer Menschen ganz neu genießen.

Hast du dir schon einmal Gedanken darüber gemacht, auf welche Weise jeder von uns es schaffen kann, auf andere anziehend zu wirken wie ein Magnet? Ich möchte dir jetzt ein Geheimnis verraten. Dieses Geheimnis lautet: Entspannt zieht an. Warum ist das so? Der entspannte Mensch ist in der Regel freundlich, zu sich selbst und zu anderen. Wir fühlen uns in seiner Nähe einfach wohl. Das ist alles.

Wenn du dir also mehr Kontakte wünschst, dann lerne die Kunst der Entspannung.

Mach es dir jetzt auf deinem Platz bequem. Schließ deine Augen und atme ein Mal tief aus… Lass die frische Luft beim Einatmen Bauch und Brust und jede Zelle deines Körpers füllen… so fühlst du dich leichter und leichter…

Beginne bei deinem Kopf und stell dir vor, dass jede Zelle deines Kopfes leichter und leichter wird… wie ein Luftballon oder wie ein Schmetterling oder wie die Samen des Löwenzahns… Hol noch einmal Luft, langsam und tief, und lass beim Ausatmen alle Anspannung aus deinem Kopf hinausfließen… aus deiner Stirn… aus deinem Nacken… Lass beim nächsten Atemzug mit dem Ausatmen die Anspannung aus deinem Kiefer, aus deiner Zunge, aus deinen Lippen hinausfließen, sodass ganz von selbst ein kleines Lächeln in deinem Gesicht erscheint…

Hol noch einmal tief Luft und lass beim Ausatmen alle Spannung aus deinen Schultern hinausfließen, aus deinem Rücken, aus Brust und Bauch… Und schenk dir den nächsten tiefen Atemzug und lass beim

Ausatmen alle Anspannung aus Armen und Händen, aus Oberschenkeln und Knien, aus Füßen und Zehen hinausfließen…

Was nun noch an Anspannung in dir ist, das lass einfach durch deine Fußsohlen in die Erde unter dir fließen und sich mit der Energie der Erde mischen…

Und wenn du das nächste Mal einatmest, langsam und tief, dann spüre, dass du dich leichter fühlst, ruhiger und friedlicher…

Bevor du gleich die Augen öffnest, kannst du dir vorstellen, dass nicht nur dein Gesicht lächelt, sondern dein ganzer Körper – von Kopf bis Fuß…

Bewege dich jetzt ein wenig, reck und streck dich und öffne deine Augen. Sei erfrischt und wach.

Frei schweben

Wenn draußen ein schöner Sommertag ist, mit blauem Himmel und weißen Schäfchenwolken, dann ist der richtige Zeitpunkt gekommen für diese poetische Phantasiereise.

Mach es dir auf einem Platz bequem und schließ die Augen. Atme drei Mal tief aus und lass dich jedes Mal etwas tiefer entspannen… Spüre, wie dein Körper lockerer und leichter wird…

Stell dir nun vor, dass du mitten in einer wunderschönen weißen Wolke sitzt, die ganz weich ist… Das ist deine Wolke. Sie ist extra gekommen, damit du eine neue Art des Fliegens entdecken kannst…

Kletter auf deine Wolke und mach es dir dort bequem, im Sitzen oder im Liegen. Und bitte deine Wolke dann, eine Zeit dein Raumfahrzeug zu sein, dein fliegendes Bett, das dich mitnimmt zu einer unvergesslichen Reise durch den Himmel…

Spüre, wie deine Wolke in die Luft steigt… Du bist auf dieser Wolke ganz sicher und behütet, wie in den Armen einer Mutter oder auf den Schultern eines Engels… Schau dich um und betrachte alles, was es zu sehen gibt… Vielleicht kannst du nach unten auf die Erde schauen… Vielleicht siehst du auch in den Weltraum und entdeckst andere fliegende Objekte – Raumstationen oder Satelliten – vielleicht auch Sterne oder Planeten…

Bemerke, dass in dieser Höhe die Alltagssorgen von dir abfallen. Sie bleiben weit zurück und du vergisst alles, was dich sonst belastet oder stört. Hier hast du Gelegenheit, über die unendliche Weite des Himmels zu staunen, über die Stille… (1 Min.)

Und nun wird es Zeit, dass du dich von deiner Wolke wieder zurückbringen lässt auf die Erde. Bedanke dich bei deiner Wolke und verabschiede dich von ihr.

Öffne in deinem eigenen Rhythmus die Augen und sei wieder hier, erfrischt und wach.

Wunderwasser

 Kinder und Jugendliche lassen sich leicht von der Unruhe der Erwachsenen anstecken und verlieren die Fähigkeit zu ruhiger Beobachtung. Sie übernehmen ein schnelles Lebenstempo.

In dieser Phantasiereise entsteht eine kontemplative Stimmung, die sich mit einer tiefen Entspannung von Körper und Geist verbindet.

Mach es dir bequem auf deinem Stuhl und atme drei Mal tief aus... Schließ die Augen und geh nach innen, sodass dich nichts ablenkt und du jenen Platz findest, wo deine Phantasie sich frei entfalten kann...

Und während du ruhig und gleichmäßig atmest, kannst du dir vorstellen, dass du an einem Wasser stehst, an einem schönen Sommertag... Vielleicht ist das ein Schwimmbecken oder eine kleine Meeresbucht... Das Wasser ist warm, genau so, wie du es gern hast... Und so entschließt du dich, in diesem warmen Wasser Platz zu nehmen... Du bist nun bis zum Hals vom Wasser bedeckt, das so warm und entspannend ist – für Arme und Beine, für Bauch und Rücken und für alle Stellen, die deine Aufmerksamkeit brauchen... Lass die Wärme des Wassers überall dorthin gelangen, wo noch Anspannung ist oder Müdigkeit oder die Erinnerung an unangenehme Ereignisse... Lass die Wärme des Wassers dir ein Gefühl der Sicherheit und der Geborgenheit geben. Hier musst du nichts tun, hier hast du keine Pflichten zu erfüllen. Hier kannst du staunen, warum das warme Wasser in der Lage ist, dir diese tiefe Zufriedenheit zu schenken. Und auch dein Geist kommt zur Ruhe. In diesem Augenblick gibt es nichts, was du dir noch wünschst. Du wunderst dich über dich selbst, dass du so ruhig und zufrieden bist. Einen Augenblick glaubst du vielleicht, dass es sich so anfühlt, wenn man glücklich ist... (30 Sek.)

Merk dir dieses Wasserbecken mit dem Wunderwasser, damit du wieder dorthin zurückkehren kannst, wenn du das willst.

Und nun reck und streck dich, atme ein Mal tief aus und öffne die Augen, erfrischt und wach.

Sonne, Sand und See

Dies ist eine typische Entspannungsreise für die Ferien, also für eine Zeit, wenn unsere Gedanken Urlaub machen. Auf ganz natürliche Weise können die Teilnehmer Stress von sich abfallen lassen und sich tief regenerieren.

Mach es dir auf deinem Platz bequem und schließ die Augen. Achte darauf, dass dein Rücken ganz gerade ist, damit du leicht atmen kannst. Atme drei Mal tief aus und bemerke, dass du jedes Mal etwas entspannter und lockerer bist.

Stell dir nun einen warmen und sonnigen Tag vor. Du bist am Meer… Du gehst den Strand entlang, die Sonne im Rücken, sodass sie dich sanft wärmt, während ein frischer Wind alle Erinnerungen an Stress und Belastungen aus deinem Gedächtnis fortbläst. Du hörst, wie die Wellen sanft ans Ufer plätschern, und deine Fußsohlen spüren die feuchten Sandkörner. Mit der Zeit wird deine Stimmung ruhig und friedlich…

Du erinnerst dich an längst vergangene Zeiten, als du viel kleiner warst und begeistert, wenn du im Sand spielen konntest – allein oder mit Freunden – und du Kanäle aus Sand, Straßen aus Sand, Häuser aus Sand, eine ganze Welt aus Sand bautest, in der es möglich war, alles schnell zu reparieren, was beschädigt war. Du konntest spontan eine Idee in die Tat umsetzen, wenn du plötzlich Lust dazu hattest. Darum versetzt du dich jetzt zurück in diese Zeit und beginnst, einen kleinen Berg aus Sand aufzuhäufen, dicht am Wasser… Weil der Sand feucht ist, kannst du ihn gut formen, und es fühlt sich so gut an, mit den Händen etwas zu schaffen, was ganz genau deiner Vorstellung entspricht… (30 Sek.)

Tritt nun zurück und schau an, was du gebaut hast. Bemerke, dass ab und zu eine kräftige Welle dein Bauwerk erreicht… Lass deine Füße von der Welle überspülen und auch die Basis deines Gebäudes. Und wenn das Wasser zurückfließt, spült es etwas von dem Sand ins Meer. Jede neue Welle trägt etwas von dem Sand ab, sodass dein Bauwerk flacher und flacher wird, ohne dass du auch nur einen Finger rühren müsstest. Dann hat das Meer seine Arbeit getan und der Strand ist wieder frei und glatt. Du setzt dich in den Sand und schaust hinaus aufs Meer, du spürst, dass auch dein Geist frei gespült ist, glatt und leer und ohne Spuren.

Und jetzt atme ein Mal tief aus und öffne deine Augen, erfrischt und wach.

Der chinesische Tempel

Diese Phantasiereise erfüllt einen doppelten Zweck: Zunächst kommt sie unserem Wunsch nach Ruhe und Entspannung entgegen, doch darüber hinaus aktiviert «Der chinesische Tempel» unsere Intuition und unsere innere Weisheit.

Die Teilnehmer konzentrieren sich vor der Phantasiereise auf ein Problem, das schwierig zu lösen ist. Mit etwas Glück gelingt es ihnen, eine befriedigende Antwort zu finden.

Mach es dir auf deinem Platz bequem und achte darauf, dass dein Rücken ganz gerade ist.

Schließ nun deine Augen und atme ein Mal tief aus.

Wenn du wieder einatmest, dann lass die Luft zuerst in deinen Bauch strömen und danach in deine Brust, damit sich deine gesamte Lunge vollständig füllen kann.

Seufze leise beim Ausatmen. Achte darauf, dass du dabei alle verbrauchte Luft aus deinem Körper hinausfließen lässt.

Und wenn du wieder einatmest, dann musst du dich nicht anstrengen; du wirst sehen, dass die Luft ganz von allein in deinen Körper hereinströmt…

Bitte bemerke auch, welche Teile deines Körpers den Stuhl berühren oder den Fußboden… Spüre, wie dein Körper sicher unterstützt wird… Gestatte dir, dich dem Boden noch etwas mehr anzuvertrauen… Stell dir vor, dass Fußboden und Stuhl sich dir ein paar Millimeter entgegenstrecken, sodass deine Muskeln sich leichter entspannen können…

Überleg dir nun irgendeine Frage, die dich vielleicht seit einiger Zeit schon beschäftigt. Wenn dir im Augenblick kein akutes Problem einfällt, dann kannst du dir auch eine Frage überlegen, die sich auf deine Zukunft bezieht… Oder möchtest du vielleicht etwas aus der Vergangenheit klären?…

Ich werde dich gleich zu einer Phantasiereise einladen, die dazu beitragen kann, dass du eine Antwort erhältst.

Stell dir nun bitte vor, dass du einen steilen Hügel emporsteigst… Viele steinerne Stufen führen nach oben… Oben auf dem Hügel steht ein chinesischer Tempel. Er ist aus Holz gebaut, schön verziert und leuchtend rot bemalt. Auf jeder der vier Seiten gibt es eine Tür, in die ein goldener Drache eingeschnitzt ist… Öffne eine der Türen und tritt ein…

Im Innenraum gibt es keine Sitzmöbel, stattdessen siehst du viele Schriftrollen, die in hölzernen Regalen liegen. Jeder Besucher hat die Erlaubnis, in diesen Schriftrollen zu lesen. Wähle eine der Rollen aus und geh mit ihr in die Mitte des Raumes, weil dort helles Licht durch die Öffnung im Dach fällt… Hier kannst du die Schriftrolle öffnen, und auch wenn die Schriftzeichen dir fremdartig vorkommen, bist du in der Lage, ihren Sinn zu verstehen. Viele Generationen von weisen Männern und Frauen haben ihr Wissen in diesen Rollen niedergelegt. Lass dir Zeit, darin zu lesen und finde eine Antwort auf deine Frage… (1 Min.)

Vielleicht kommt die Antwort in Worten, vielleicht kommt sie als Bild, vielleicht als Klang oder als Melodie. Es kann sein, dass du, noch während du im Tempel bist, eine deutliche Botschaft erhältst, doch kann das auch einige Zeit später geschehen.

Leg nun die Schriftrolle wieder an den Platz, wo du sie gefunden hast. Bedanke dich bei diesem heiligen Ort mit einer leichten Verneigung… Tritt dann wieder ins Freie und kehre hierher in diesen Raum zurück. Atme ein Mal tief aus und öffne in deinem eigenen Rhythmus die Augen, erfrischt und wach.

Erste Erinnerungen

Unser Gedächtnis hat vielfältige Aufgaben, insbesondere ist es die Basis für unser Selbstvertrauen. Wenn wir den Eindruck haben, dass die Erfahrungen, die wir bisher in der Welt gemacht haben, insgesamt positiv sind, dann fällt es uns leichter, nach vorn zu schauen und Schwierigkeiten zu meistern. Oft haben unsere frühesten Erinnerungen einen besonderen Zauber. Wir können nicht genau unterscheiden, was daran Wahrheit und was Illusion ist. Und diese Unsicherheit macht den Reiz dieser Erinnerungen aus. Für viele Jugendliche ist die Suche nach allererersten Erinnerungen eine spannende Aufgabe. Dabei geht es nicht nur um die Suche nach vergangenen Ereignissen, sondern es ist zugleich ein Schritt in die innere Welt der Seele. Bei diesem Akt der Erinnerung muss niemand Stärke beweisen, es kommt vielmehr darauf an, auch feinsten Empfindungen und Ahnungen zu folgen.

In der folgenden Phantasiereise kannst du dich auf eine ganz besondere Weise entspannen. Stell dir vor, dass du oben auf einer steinernen Treppe stehst, die in zehn Stufen an einen schönen Ort hinabführt, wo du ganz sicher und entspannt sein kannst. Vielleicht bist du schon einmal dort gewesen, vielleicht entdeckst du diesen Platz jetzt neu... Und während du die Treppe hinabsteigst, näherst du dich immer mehr diesem schönen, sicheren Platz...

Beginne bei der zehnten Stufe... Atme dort ruhig aus und ein und fühle dich gut entspannt dabei...

Setz deinen Fuß dann auf Stufe neun... Du weißt, dass du dich mit jedem Schritt mehr und mehr entspannen kannst...

Stufe acht bringt dich noch näher an dein Ziel und du lässt dich durch dein ruhiges Atmen tiefer und tiefer entspannen...

Wenn du die Stufen sieben und sechs hinabsteigst, kannst du schon etwas von deinem Ziel erkennen, das friedlich auf dich wartet...

Geh auch die Stufen fünf und vier hinab, ruhig und gründlich atmend und tiefer und tiefer entspannt...

Nun die Stufen drei und zwei… Und schließlich erreichst du die Stufe eins und bist an deinem wunderschönen Platz angekommen… Schau dich um, bemerke die Farben, die Gerüche, die Klänge… All diese Einzelheiten geben dir ein Gefühl des Wohlbehagens und der Sicherheit…

Hier ist es dir auch möglich, weit in die Vergangenheit zurückzugehen, als du noch ziemlich klein warst… In die Zeit, bevor du zur Schule kamst… Welches ist das älteste Bild, an das du dich erinnern kannst?… Wo bist du da?… Was kannst du sehen und hören?… Was machst du gerade? Sind noch andere Menschen bei dir? Was machen sie?…

Und wenn du willst, kannst du auch versuchen, dieses Bild nicht nur von außen zu sehen, sondern hineinzugehen und die Situation wieder zu erleben… (30 Sek.)

Versuche nun, noch etwas weiter in die Vergangenheit zurückzugehen. Sei noch ein wenig jünger… Wo bist du nun?… Was kannst du sehen?… Was geschieht und wie fühlst du dich dabei?…

Du wirst staunen, wie bereitwillig dein Gedächtnis ist, wenn du es freundlich bittest. Benutze deine Erinnerungen, um besser zu verstehen, ohne zu bewerten…

Bewahre alles in deinem Gedächtnis auf, was wichtig für dich sein kann, und komm langsam hierher zurück in diesen Raum. Atme ein Mal tief aus und öffne in deinem eigenen Rhythmus die Augen, erfrischt und wach.

Anmerkung: Hier bietet es sich wieder an, die Erinnerungen als Bild zu gestalten, um sie noch besser zu verstehen.

Farben

■ *Farben können unsere Stimmung verändern. Sie können uns helfen, munter zu werden, optimistisch und mutig; und sie können uns beruhigen, entspannen oder uns beim Einschlafen helfen. Dabei wirken Farben nicht auf alle Menschen in gleicher Weise. Jeder muss selbst herausfinden, welche emotionale Wirkung verschiedene Farben auf ihn haben.*

In der folgenden kurzen Phantasiereise gehen wir einmal durch das ganze Spektrum der Farben, um uns auf diese Weise zu entspannen und ein Gefühl innerer Konzentration herbeizuführen.

Mach es dir auf deinem Platz bequem. Setz beide Füße flach auf den Boden und achte darauf, dass dein Rücken ganz gerade ist. Leg deine Hände locker auf deine Knie oder in deinen Schoß…

Schließ nun bitte die Augen und achte eine Weile auf deinen Atem. Atme langsam und gründlich und bemerke, wie sich Bauch und Brust beim Einatmen ausdehnen…

Lass dich von jedem Atemzug noch ein wenig tiefer entspannen, auch wenn du es jetzt deinem Körper überlässt, ganz natürlich weiterzuatmen…

Ich möchte dich nun zu einer Reise durch das Spektrum der Farben einladen. Sieh zunächst die Farbe Rot… Vielleicht möchtest du dir einen Apfel vorstellen, dessen Schale sich an einer Seite dunkelrot gefärbt hat… Stell dir vor, dass du in diesen Apfel hineinbeißt und ganz langsam anfängst, den Bissen zu kauen… Bemerke das besondere Aroma deines Apfels und spüre, wie sich Süße und Säure in deinem Mund mischen… (30 Sekunden)

Sieh nun bitte die Farbe Orange… Mach es dir leichter, indem du dir eine frisch gepflückte Orange vorstellst in der Größe, wie du sie gern hast. Ritze mit dem Nagel leicht die Haut an, sodass dir der besondere Duft der Orange in die Nase steigt… (15 Sek.)

Geh jetzt im Farbspektrum einen Schritt weiter und sieh die Farbe Gelb… Stell dir vor, dass es ein wolkenloser Tag ist und dass dich goldenes Sonnenlicht von Kopf bis Fuß einhüllt, dich wärmt und entspannt… (15 Sek.)

Und nun geh weiter und sieh die Farbe Grün… Stell dir vor, dass du durch einen schönen Wald gehst, und vielleicht siehst du um dich herum Birken oder Buchen, deren Blätter sich gerade entfaltet haben… Sie haben dieses besondere, helle Grün, das dich beruhigt und friedlich stimmt… (15 Sek.)

Vergiss nicht, die Farbe Blau zu sehen… Stell dir einen blauen Himmel vor, hellblau oder tiefblau, wie es dir am besten gefällt… Lass dich von diesem Blau zu einem Gefühl sehnsüchtiger Liebe anregen. Finde irgendetwas, das du mit diesem Gefühl erreichen möchtest… (15 Sek.)

Zum Schluss kannst du dich noch auf die Farbe Lila konzentrieren. Stell dir vor, dass ein wunderschöner Schmetterling mit lila Flügeln um dich herumtanzt und dich an eine Melodie erinnert, die du eine Zeit lang vergessen hattest. Und wenn du das Meer liebst, dann kannst du dir jenen zartlila Dunst vorstellen, der früh am Morgen über dem Wasser liegt, während die Sonne noch hinter dem Horizont verborgen ist… (15 Sek.)

Genieße einfach das Gefühl der Entspannung und der inneren Ruhe…

Bring dies Gefühl hierher zurück. Öffne in deinem Rhythmus die Augen. Sei wieder hier, erfrischt und wach.

Ein Ballon, der schützt

Kinder und Jugendliche erleben immer wieder Zeiten, in denen sie sich besonders verletzlich und daher schutzbedürftig fühlen. Diese kurze Phantasie lässt sie ein beschützendes Symbol erleben, das in ihnen die innere Überzeugung wachrufen kann: Ich kann mich vor Kritik, vor schwierigen Anforderungen, vor Bedrohungen aller Art schützen.

Manchmal haben wir das Empfinden, dass wir besonders dünnhäutig sind. Wir wachen eines Morgens auf und spüren, dass dies nicht gerade unser stärkster Tag sein wird. Dann kann uns ein ungeschicktes Wort unserer Eltern oder Geschwister irritieren, der Blick eines Mitschülers kann uns ärgerlich machen, und sogar mit uns selbst sind wir oft nicht so recht zufrieden. Wir machen uns selbst Vorwürfe und vergessen, dass wir Grund genug haben, zufrieden zu sein. Zum Glück kommen und gehen solche besonderen Tage, aber wir haben keine Möglichkeit, sie auszuschließen. Wir können uns jedoch selbst helfen, indem wir gelegentlich unserer dünnen Haut eine zweite, kräftigere Hülle hinzufügen. Willst du wissen, wie das geht?

Schließ bitte einen Augenblick die Augen und setz dich bequem hin. Beweg ein wenig deine Schultern und bemerke, wie sich die Haut auf den Schultern und am Rücken anfühlt… Runzle einmal die Stirn und bemerke, wie sich hier deine Haut anfühlt. Kannst du feststellen, ob sich die Haut locker oder gespannt anfühlt?…

Nun achte einmal auf deine Hände. Wie fühlt sich die Oberseite der rechten Hand an und wie die Handinnenseite?… Vergleiche deine rechte Hand mit der linken. Haben beide Hände die gleiche Temperatur, oder ist die eine Hand kühler als die andere?

Jetzt stell dir vor, dass du dir selbst zusehen kannst, an einem Tag, wo du nicht so gut in Form bist. Wie bewegst du dich dann körperlich, langsam oder schnell? Und wo bist du dann besonders verletzlich? Ist dein Kopf dann empfindlicher, oder ist es deine Brust, der Rücken oder was sonst?…

Setz dich nun einmal mit geschlossenen Augen so hin, wie du es tun würdest, wenn du genau wüsstest: Gleich kommt etwas sehr Unangenehmes auf mich zu. Wie atmest du dann, wie hältst du Arme und Hände, Schultern und Kopf, wie fühlen sich dann Füße und Beine an?

Achte bitte gleich darauf, wie sich dein Körper anders anfühlt, wenn du dir Folgendes vorstellst: Langsam, langsam entsteht ein wunderschöner bunter Ballon um dich herum. Ungefähr wie eine Seifenblase, die zuerst klein ist und dann immer größer wird. Du kannst diesem Ballon all die bunten Farben des Regenbogens geben und seine Hülle so dick machen, dass es sich für dich gut anfühlt, dass du dich ganz sicher und geborgen darin fühlen kannst. Lass den Ballon so groß sein, dass du dich in diesem Ballon bequem bewegen kannst und auch mit dieser Hülle überall hingehen kannst, wohin du willst. Und wenn du möchtest, kannst du dir auch vorstellen, dass das Material dieses Ballons einen Duft verströmt, der speziell für deine Nase angenehm und beruhigend ist. Ganz allmählich bemerkst du vielleicht, dass du in diesem Ballon beschützt bist und in Sicherheit. Wenn du willst, kann dieser Ballon für andere völlig unsichtbar sein. Und erlebe ein paar Dinge in der Phantasie, die sonst vielleicht schwieriger wären; vielleicht willst du, dass irgendjemand dir Vorwürfe macht, oder du gehst in diesem Ballon in eine schwierige Klassenarbeit, oder er schützt dich einfach vor spöttischen oder kritischen Blicken anderer Leute…

Du bemerkst, wie anders sich dein Körper anfühlt in dieser behaglichen Hülle… Und wann immer du in einer Situation sein wirst, wo du Schutz und Sicherheit benötigst, kannst du deine Phantasie benutzen und dich mit deinem persönlichen Ballon umgeben.

Lass dir noch einen Augenblick Zeit, um diese besondere Situation zu genießen. Und wenn du willst, kannst du dann aus deinem Ballon herauskommen und dich recken und strecken und die Augen wieder öffnen und mit deiner Aufmerksamkeit zu uns in der Gruppe zurückkehren.

Zylinder aus Licht

Immer wieder haben wir in unseren Gruppen Kinder und Jugendliche, die das Empfinden haben, dass das Leben insgesamt bedrohlich oder gefährlich ist, und die deshalb besonderen inneren Schutz benötigen. In diesen Fällen können Sie mit einer protektiven Phantasie zeigen, wie man sich selbst schützen kann.

Wahrscheinlich kennt jeder von euch einen Erwachsenen, der in seinem Leben besonders viel Pech hat. Erst stirbt jemand in seiner Familie, dann wird er vielleicht selbst krank, und zum Schluss verliert er auch noch seine Arbeit.

Die meisten von euch kennen auch ein Kind, das es im Leben besonders schwer hat. Vielleicht hat das Kind das Empfinden, dass es sich auf die Eltern nicht verlassen kann, dass andere Erwachsene unberechenbar und unzuverlässig sind. Immer wieder finden Ereignisse statt, die ihm große Sorgen bereiten. Und vielleicht fragt sich dieses Kind jeden Morgen; «Was wird heute wohl passieren?»

Vielleicht haben wir alle etwas mehr Glück als diese Pechvögel, aber manchmal können wir selbst eine Pechsträhne zu fassen bekommen. Dann scheint uns der Himmel mit Wolken verhangen, und es ist nicht leicht, optimistisch und tatkräftig zu sein. Auf solche Fälle können wir uns vorbereiten.

Schließ bitte die Augen und setz dich einmal so hin wie ein richtiger Pechvogel. Lass die Schultern hängen, vielleicht ziehst du auch den Kopf zwischen die Schultern ein oder du willst die Arme vor der Brust kreuzen, um dich vor neuem Unglück zu schützen. Und ein wenig wirst du auch den Atem anhalten, um ja rechtzeitig zu bemerken, wenn eine neue Gefahr auftaucht. Kannst du spüren, wie unbehaglich sich der Körper anfühlt, wenn man auf neues Unglück und neue schlechte Nachrichten gefasst ist und nicht weiß, wie man sich wirksam selbst beschützen kann? Zum Glück hast du einen sehr guten Freund, der dir in vielen gefährlichen Situationen helfen kann. Und das ist deine Phantasie. Immer noch in der körperlichen Haltung des

Pechvogels kannst du langsam beginnen, ein Bild zu sehen, und es wird interessant sein, wie dein Körper und deine Stimmung darauf reagieren. Stell dir zunächst vor, dass auf dem Fußboden um dich herum ein Kreis aus goldenem Licht erscheint, ungefähr eine Armeslänge von deinen Füßen entfernt. Du kannst selbst entscheiden, wie dick dieser goldene Lichtstrahl sein soll…

Wenn du diesen goldenen Kreis deutlich sehen kannst, dann kannst du das goldene Licht nach oben emporsteigen lassen, sodass sich allmählich ein Zylinder aus goldenem Licht bildet, der dich ganz umgibt, von den Füßen bis zum Kopf oder so weit, wie du willst, um dir Schutz und Sicherheit zu geben. Und du kannst diesem goldenen Licht eine Temperatur geben, die sich für dich gut anfühlt. Wer möchte, kann sich auch vorstellen, dass der ganze Zylinder aus goldenem Licht einen sehr schönen, beruhigenden Ton erzeugt, der sich im Körper gut anfühlt…

Mitten in diesem goldenen Zylinder kannst du bemerken, dass dein Körper sich etwas entspannt und lockerer und ruhiger wird. Und du weißt, dass von außen nichts Störendes durch die Wand aus goldenem Licht hindurchdringen kann und dass du wie hinter deinem prächtigen Schutzschild sicher und geborgen bist…

Wann immer du abends beim Einschlafen vielleicht den Wunsch hast, besonders ruhig und angenehm zu schlafen, kannst du dir diesen beschützenden Zylinder vorstellen, und genauso gut kannst du dich zu Beginn eines schwierigen Tages von dem goldenem Licht dieser Umhüllung anwärmen und stärken lassen.

Nun kannst du dich noch eine kleine Weile von dem warmen Licht verwöhnen lassen… bis du dann wieder mit deiner Aufmerksamkeit hierher zurückkommst zur Gruppe, ausgeruht und erfrischt. Denke daran, auch die Augen zu öffnen.

Ängste

Wenn ein Zirkus Wert darauf legt, die Phantasie seiner Besucher anzusprechen, dann wird er einen Clown auftreten lassen, der wunderschöne, riesengroße Seifenblasen produziert. Dieser Vorgang hat Magie. Wir können ebenfalls zaubern und Sorgen und Befürchtungen in Seifenblasen stecken und dann wegpusten.

Immer wenn du sehr erschöpft bist, kannst du dir einen kurzen Schlaf gestatten. Du brauchst dazu nicht viel: Es ist völlig ausreichend, wenn du eine Sitzgelegenheit hast, wo du deine Augen schließen kannst…

Sag dir im Stillen die Worte: «Schlafen, schlafen», während du tief und langsam aus- und einatmest. Lass deine Muskeln weich werden, lass deinen Körper schwer und locker werden…

Lass alle Gedanken aus deinem Kopf verschwinden und geh in einen Sekundenschlaf, aber fall nicht vom Stuhl. Genieße diese herrliche Passivität und die Freiheit von Verantwortung für zwei Minuten. Erst wenn es unvermeidlich ist, wirst du die Augen wieder öffnen und mit deiner vollen Aufmerksamkeit zurückkehren.

Diese Technik will allerdings gut geübt sein. Wer sie beherrscht, bleibt dabei so aufrecht sitzen, dass seine Umgebung nichts von dem Kurzschlaf mitbekommt… (2 Min.)

Ich möchte dich nun zu einer Phantasiereise einladen. Schließ bitte deine Augen und stell dir vor, dass du eine Zirkusschule besuchst. Du lernst dort den Trick mit den Riesen-Seifenblasen… Du hast einen Eimer mit einem besonderen Seifenwasser und eine große Öse aus Draht mit einem Griff daran. Tauch deine Drahtöse in das Seifenwasser und stell dir vor, dass du langsam und gleichmäßig in die Mitte der Öse pustest, sodass sich dort eine große Seifenblase bildet. Wie in einem Spiegel siehst du dabei die ganze Umgebung. Wenn du deinem Arm einen kleinen Schwung gibst, dann schwebt die riesige Seifenblase hoch über deinen Kopf empor… Lass einen sanften Wind kommen und sieh zu, wie sie langsam davonschwebt, weiter und weiter in den Himmel…

Stell dir nun vor, wie du ein paar dieser riesigen Seifenblasen in den Himmel fliegen lässt… (1 Min.)

Jetzt will ich dir noch ein Geheimnis verraten: Beim Aufpusten jeder Seifenblase kannst du etwas von deinen Sorgen und Befürchtungen dort hineintun. Stell dir vor, dass Gedanken, die dich belasten, in einer Seifenblase Platz finden und vom Wind weggetragen werden, sodass dein Kopf frei und deine Stimmung heiter wird.

Lass dir jetzt Zeit, das zu üben. Puste deine Sorgen in die Seifenblasen und sieh, wie sie von dir wegschweben… Spüre, wie heiter und optimistisch du dabei wirst… (1 Min.)

Diese Methode kannst du jederzeit anwenden, wenn dich ein Gedanke beunruhigt… Schick ihn einfach auf die Reise und wende dich ihm erst dann wieder zu, wenn du dafür genug Energie hast…

Atme nun ein Mal tief aus und öffne in deinem eigenen Rhythmus die Augen. Kehr in diesen Raum zurück, erfrischt und wach.

Anmerkung: Die Teilnehmer können die bunten Seifenblasen mit den Sorgen malen, die wegtransportiert werden sollen.

Schönheit

★ *Schönheit kann eine entspannende und heilsame Wirkung auf uns haben. Das gilt auch für die Schönheit der Natur. Wie in vielen anderen Bereichen gilt auch hier: Die Jugendlichen folgen dem Beispiel der Erwachsenen.*

Mach es dir auf deinem Platz bequem und atme drei Mal tief aus. Stell beide Füße flach auf den Boden und mach deinen Rücken ganz gerade. Vertiefe deine Entspannung, indem du nun deine Augen schließt. Überlass es deinem Körper, den besten Atemrhythmus für dich zu finden, und geh mit mir auf eine Phantasiereise in die Natur.

Du kannst dir aussuchen, wohin du gehen möchtest – in die Berge oder ans Meer, an einen großen Strom oder in eine hügelige Landschaft, an einen See oder auf eine einsame Insel…

Vielleicht kennst du diesen Ort schon, und sehnst dich schon lange danach, ihn aufzusuchen. Lass es einen Ort sein, an dem du dich entspannen und zur Ruhe kommen kannst…

Stell dir nun vor, dass du dort angekommen bist… Es ist früher Morgen, noch vor Sonnenaufgang. Bemerke deine Stimmung und deine Gefühle… Beobachte das Licht am Himmel, wenn die Sonne langsam über dem Horizont emporsteigt… Beobachte, wie sich die Farben am Himmel verändern und wie sich die Atmosphäre in deiner Umgebung ebenfalls wandelt…

Welche Geräusche hörst du hier bei Tagesanbruch? Wie riecht die Luft? Ist es warm oder kühl?…

Ein paar Stunden vergehen… Lass es Mittag werden… Die Sonne steht hoch am Himmel und es ist viel wärmer geworden. Wie verändert sich deine Umgebung? Was tust du selbst in der Mitte des Tages?… Wie fühlt sich dein Körper? Hat sich deine Stimmung verändert?…

Stell dir nun vor, dass es Abend geworden ist. Die Schatten werden länger und die Farben am Himmel und in der Landschaft werden blasser… Wie fühlst du dich, wenn der Tag zu Ende geht?…

Die Sonne wird riesengroß, ehe sie am Horizont versinkt. Die Geräusche werden leiser und leiser…

Verabschiede dich nun von diesem Ort und kehre in diesen Raum zurück. Atme ein Mal tief aus und öffne die Augen, erfrischt und wach.

Mich gibt's nur ein Mal

Die meisten von uns haben zwei widersprüchlich erscheinende Grundbedürfnisse: Manchmal möchten wir einzigartig sein und zu anderen Zeiten ist es für uns eine Erleichterung, wenn wir unseren Mitmenschen möglichst ähnlich sind. Beide Bedürfnisse müssen zu ihrem Recht kommen, dann ist unser Leben emotional ausbalanciert.

In dieser Phantasiereise betonen wir den Wunsch nach Einmaligkeit, in dem sich Folgendes ausdrückt: Ich wünsche mir, dass ich gesehen und gehört werde, dass ich gebraucht und geliebt werde.

Bitte achte darauf, dass du bequem sitzt und dass du an deinem Platz zur Ruhe kommen kannst. Schließ die Augen, um dich gut konzentrieren zu können. Dies ist deine Zeit… eine ruhige und friedliche Zeit und eine besondere Gelegenheit…

Entspanne dich noch weiter, indem du auf deinen Atem achtest, auf das Einatmen und auf das Ausatmen… Lass deinen Atem langsam und leicht fließen… ganz natürlich und sanft… einatmen und ausatmen… Bemerke, wie kühl die Luft ist, wenn du einatmest, und wie sie wärmer ist, wenn du ausatmest… Und wenn irgendwelche Gedanken dich ablenken, dann kannst du sie einfach bemerken, sie beobachten und dann zuschauen, wie sie beim Ausatmen mit der Luft davonfliegen…

Geh nun in der Phantasie ganz weit zurück bis zu dem Augenblick, wo du geboren bist… Die Menschen aus deiner Familie betrachten dich mit Liebe und Bewunderung… Du kannst beobachten, dass sie dich ansehen, und du spürst ihre Liebe, ihre Freude, ihre Fürsorge…

Manch einer versucht sich vorzustellen, was für ein Mensch du einmal sein wirst… (15 Sek.)

Tief im Innern deines Herzens weißt du, wie du einmal sein wirst. Du kennst selbst deine Stärken, deine Talente, deine Vorlieben, deine Abneigungen, deine Gefühle und deine Gedanken…

Genieße eine Weile deine Ankunft auf dieser Erde und freu dich daran, dass du tief im Innern spürst, dass du alles hast, was du zum Leben brauchst. Im Augenblick sind z.B. deine Augen sehr wichtig.

Sie verbinden dich mit den Menschen um dich herum, aber wichtig ist auch deine Nase, deine Fähigkeit, deine Umgebung zu riechen… Und deine Ohren sind wichtig, die schon lange vertraut sind mit dem Klang von Mutters Stimme…

Und jetzt betrachte dich so, wie du heute bist. Du hast so vieles entwickelt. Du weißt, was du willst und was du nicht willst. Du kennst deine Talente und deine Charakterstärken…

Du weißt auch, dass es ziemlich schwierig wäre, dich mit Worten umfassend zu beschreiben… Du bist wie ein Buch mit vielen Seiten, die man einzeln lesen muss, um immer mehr zu verstehen…

Stell dir nun vor, dass ein Mensch zu dir kommt, der dich gut kennt und dich liebt. Diese Person fängt an, mit dir zu sprechen. Sie erzählt dir, dass du einzigartig bist, dass deine Familie dich braucht, dass deine Freunde dich brauchen und all die anderen Menschen, mit denen du zusammenkommst. Sie alle schätzen deine Offenheit, deine Hilfsbereitschaft, deine Freundlichkeit…

Und du kannst noch eine weitere Person zu dir kommen lassen, die dir sagt, dass es dich nur einmal gibt, und wie wichtig du bist und wie sehr du geschätzt wirst. Lass dir Zeit, diese freundlichen Worte zu genießen und sie in deinem Gedächtnis aufzubewahren… (30 Sek.)

Und jetzt kannst du mit deiner Aufmerksamkeit hierher zurückkehren. Reck und streck dich ein wenig, atme ein Mal tief aus und sei wieder hier, erfrischt und wach.

Am Strand

Diese schöne Phantasie hilft den Teilnehmern, sich tief zu ent-
spannen und in eine heilsame Trance zu gehen. Optimismus
und ein besonderes Glücksgefühl können von dieser Phantasiereise
mitgebracht werden.

Setz dich bequem hin. Wenn du die Augen geschlossen hast, kannst du
dir vorstellen, dass du an irgendeinem südlichen Strand spazieren-
gehst. Es ist Mitte Juli und sehr, sehr heiß. Die Sonne neigt sich
bereits dem Horizont entgegen, und irgendwann wirst du den Sonnenuntergang beobachten. Der Himmel ist strahlend blau und der Sand
schimmert weiß und blendend in dem Sonnenlicht, das intensiv und
gelb vom Himmel fällt. Du spürst die Hitze der Sonne auf deinem
Gesicht. Überall auf deiner Haut fühlst du die Kraft der Sonnenstrahlen…

Du bist barfuß, und spürst den nassen, festen Sand unter deinen
Fußsohlen. Ab und zu spült das kühle Wasser über deine Füße und
erfrischt dich. Du hörst das Schlagen der Wellen und das rhythmische
Kommen und Gehen der Brandung. Du riechst das Salz in der Luft,
den feinen Wassernebel des Ozeans. Du kannst das Salz schmecken,
wenn du über deine Lippen leckst… Ganz in der Ferne hörst du den
Schrei einer Möwe. Du gehst weiter und weiter…

Nun kommst du zu einem Hügel aus weißem Sand, der ganz und
gar bedeckt ist mit hellgelben Butterblumen und mit dunkelroten
Moosröschen. Du setzt dich oben auf den Sandhügel und blickst auf
das Wasser, und das Meer ist wie ein großer Silberspiegel, der die
Sonnenstrahlen reflektiert, lauter reines, weißes Licht… Du schaust
bewegungslos in dieses Licht. Und während du immer länger auf das
Sonnenlicht blickst, das von der Wasserfläche reflektiert wird, kannst
du allmählich kleine und große purpurne Flecken sehen, aufblitzende
Punkte von Violett. Und am Horizont entlang bildet sich eine violette
Linie, ein purpurner Lichtschein fällt auf den Strand… Überall Violett,
Purpur und Silber.

Jetzt beginnt der Sonnenuntergang. Mit jeder Bewegung, jedem Vorrücken der Sonne ins Meer fühlst du dich tiefer und tiefer entspannt. Und wenn die Sonne im Ozean versunken ist, dann wirst du in einem Zustand tiefer Ruhe und Versunkenheit sein. Der Himmel wird allmählich karminrot, scharlachrot, golden und bernsteinfarben, wenn die Sonne tiefer und tiefer sinkt.

Du bist eingetaucht in purpurfarbenes Zwielicht, in einen samtigen blauen Nebel. Und du schaust nach oben in den Nachthimmel. Der Himmel ist mit Sternen übersät. Der Klang der Wellen… der Geschmack und der Geruch des Salzes… das Meer… der Himmel… und du selbst. Du empfindest, wie du nach oben getragen wirst, weit hinaus in den Weltraum, eng verbunden mit dem Universum… Genieße diese Einheit, du musst nichts tun, alles ist selbstverständlich, selbstverständlich wie dein Atem und das angenehme Gefühl tiefer Entspannung. Gleich werde ich dich auffordern, langsam mit deiner Aufmerksamkeit von dem nächtlichen Strand zurückzukehren… (1 Min.)

Und nun ist es Zeit, dass du dich ein wenig reckst und streckst und die Augen öffnest. Sei wieder hier, erfrischt und wach.

Ein verborgener Schatz

Die Entdeckung eines Schatzes ist ein wichtiges Thema im Märchen. Doch auch im realen Leben lassen sich viele von uns von der Hoffnung inspirieren, endlich etwas zu finden, was das Leben besser und glücklicher macht. In der Metapher des Schatzes verbirgt sich eine optimistische Grundhaltung: Es gibt im Leben etwas Positives, das jeder entdecken kann. Wichtig ist, dass ich aufmerksam bin und die richtige Erwartung kultiviere. Dann werde auch ich eines Tages meinen Schatz entdecken. Dieser Optimismus ist gerade für Jugendliche von großer Bedeutung. In unserer Gesellschaft müssen sie lange darauf warten, als Erwachsene anerkannt zu werden. Geduld und Optimismus können helfen, diese nicht immer leichte Zeit zu überstehen.

Mach es dir auf deinem Platz bequem und schließ die Augen. Stell deine Füße flach auf den Boden und mach deinen Rücken ganz gerade, damit du leicht und bequem atmen kannst. Atme drei Mal tief aus und spüre, dass dein Atem dir helfen kann, Entspannung und innere Ruhe zu finden.

Ich möchte dich jetzt zu einer Phantasiereise einladen, die dich in die Welt des Abenteuers führen wird.

Stell dir vor, dass es ein warmer, sonniger Tag ist. Du wanderst durch eine Landschaft von besonderer Schönheit. Du ahnst, dass du an diesem Tag etwas Ungewöhnliches erleben wirst.

Du folgst einem Weg und beobachtest aufmerksam deine Umgebung. Du schaust dich immer wieder um, achtest auf die Geräusche und auf die verschiedenen Gerüche in der Luft, die dich ahnen lassen, was du noch nicht sehen kannst. Jetzt kommst du an das Ufer eines großen Sees. Auf dem Strand liegt ein kleines Boot mit zwei Rudern.

Du schiebst das Boot ins Wasser, steigst hinein und stößt dich ab.

Eine Zeit lang bringt es dir Spaß zu rudern, dann aber holst du die Ruder ein, legst dich auf den Boden des Bootes und lässt dich von den sanften Wellen wiegen…

Du schließt die Augen und genießt Ruhe und Frieden; dein Gefühl von Anspannung löst sich auf und jedes Unbehagen, alle Sorgen und Ängste fallen von dir ab. Nach einer Weile vergisst du das Boot und deine Umgebung und es kommt dir so vor, als ob du ein Teil des wiegenden Wassers wärst...

Vielleicht beginnst du nun einen Tagtraum. Immer deutlicher geht es dir durch den Sinn, dass es hier im Wasser einen verborgenen Schatz geben muss, der dir gehört. Vielleicht findest du diesen Gedanken zuerst befremdlich, aber mit der Zeit kommt er dir völlig natürlich vor. Du setzt dich aufrecht hin und schaust über die Bootswand ins Wasser. Du weißt nicht genau, was du tun sollst. Aus dem Wasser glaubst du eine Stimme zu hören, die dir zuruft: «Komm...» Du lässt du dich über Bord gleiten, um nach dem Schatz zu suchen...

Unter Wasser schwimmst du hin und her, bis du deinen Schatz entdeckt hast. Vielleicht entdeckst du ihn sofort, vielleicht dauert es aber auch eine Weile, bis du ihn deutlich sehen kannst...

Jetzt kannst du dich entscheiden, ob du deinen Schatz mit an Bord nehmen willst, um ihn ans Ufer zu bringen oder ob du ihn hier im Wasser zurücklassen willst. Wenn du dich entschließt, den Schatz zu behalten, dann schaff ihn ins Boot.

Bemerke, wie du dich nach dieser Entdeckung fühlst. Fang an, den Schatz zu untersuchen. Was kannst du damit anfangen?... Welche Veränderungen wird er in dein Leben bringen?... Möchtest du dich für diesen Fund bedanken?... Bei wem?...

Nimm nun die Ruder zur Hand und kehre zum Ufer zurück. Atme ein Mal tief aus und öffne die Augen. Sei wieder hier, erfrischt und wach.

Der Freizeitpark

Ein Freizeitpark verspricht das Eintauchen in eine Welt der Abenteuer, die mit dem ganzen Körper und mit allen Sinnen empfunden werden können. Wir haben das Gefühl, dass wir Risiken eingehen und Gefahren trotzen können. Mancher entwickelt die Zuversicht, dass er es auch mit anderen Herausforderungen aufnehmen kann. Die Mutproben im Freizeitpark sind eine Metapher für das Abenteuer des Lebens – und das erklärt zu einem Teil ihre unverwüstliche Beliebtheit.

Mach es dir auf deinem Platz bequem und schließ die Augen. Achte darauf, dass dein Rücken ganz gerade ist… dass deine Füße flach auf dem Boden stehen… Atme drei Mal aus und spüre, dass du jedes Mal entspannter und ruhiger wirst. Lass beim Ausatmen alle Sorgen und Belastungen aus deinem Körper hinausfließen, damit du diese Phantasiereise vollständig genießen kannst. Dies ist deine Zeit, in der du dich neu entdecken kannst.

Stell dir vor, dass du einen großen Freizeitpark besuchst und gerade den Eingang passierst… Hör die vielen Geräusche: das Summen der Motoren, das Rollen der Räder, kreischende Bremsen und die Schreie der Besucher, ihr Gelächter und ihr Verstummen…

Schau dir zunächst eine Achterbahn an… Höre das Donnern der Wagen, wenn sie an dir vorbeiflitzen. Möchtest du selbst einen der Wagen besteigen, um dieses Abenteuer zu erleben?…

Spüre den Beginn der Fahrt… den langsamen Anstieg bergauf… das leise Schwanken der Wagen und dann die immer schnellere Fahrt in die Tiefe… Höre, wie die Menschen in den Wagen schreien, wenn sie plötzlich in die Tiefe stürzen oder eine scharfe Kurve nehmen… Umfasse mit beiden Händen den Haltebügel und press dich fest in deinen Sitz… Und wenn du lieber zugesehen hast, dann bleiben noch genug Chancen, deinen Mut zu testen…

Probiere nun etwas Neues aus. Setz dich in die winzige Kunststoffschale einer riesigen Wasserrutsche. Gleite auf dem Wasser in die

Tiefe… Folge einigen Kurven und lass dich vom Wind und dem spritzenden Wasser abkühlen… Spüre, wie du schließlich in einem großen Wasserbecken landest und sanft schaukelnd zum Ausgang getragen wirst…

Um dich zu stärken, kannst du dir jetzt etwas zu essen kaufen, an einer der vielen Buden. Nimm, was immer du möchtest. Es spielt keine Rolle, was du auswählst, du hast genug Geld in der Tasche…

Jetzt bekommst du Lust, dich in der Kunst des Autofahrens zu üben. Du kannst dir aussuchen, ob du in einen elektrischen Autoskooter steigen willst oder in ein Gokart mit Benzinmotor. Fass das Steuer fest mit beiden Händen, höre, wie der Motor in Gang kommt und spüre den Fahrtwind in deinem Gesicht…

Lass dich nun von deiner Neugier treiben… Besteige ein altmodisches Kettenkarussell… Achte darauf, dass der Sicherheitsverschluss einrastet und lass dich schneller und schneller durch die Luft wirbeln. Sieh die anderen, die mit dir fliegen… Höre ihr Lachen, ihre Schreie… Sieh unter dir die Menschen, die stehen bleiben, um den Mut derer zu bewundern, die hoch oben durch die Luft wirbeln…

Triff jetzt einige Freunde und beschließe, mit ihnen gemeinsam auf einem gemütlichen Kinderkarussell zu fahren. Such dir irgendeinen Platz aus, der dir eine schöne Erinnerung schenkt, vielleicht auf einem Holzpferd oder in einem altmodischen Feuerwehrauto… Hör die Musik der alten Orgel und winke deinen Freunden zu…

Jetzt hast du Gelegenheit, noch ein paar Dinge auszuprobieren, auf die du Lust hast. Vielleicht willst du besonders schnelle Fahrten unternehmen; vielleicht möchtest du durch einen Irrgarten gehen oder mit Freunden Geisterbahn fahren; vielleicht möchtest du dir ein Horoskop stellen oder aus der Hand lesen lassen… Alles ist möglich… (1 Min.)

Und nun ist es Zeit, dass du dich auf den Rückweg machst. Auf dem Weg zum Ausgang kannst du noch ein Foto von dir machen lassen und ein Eis oder ein frisches Getränk genießen…

Nimm nun Abschied von diesem aufregenden Freizeitpark und komm mit deiner Aufmerksamkeit hierher zurück. Atme ein Mal tief aus und öffne in deinem eigenen Rhythmus die Augen, erfrischt und wach.

Blinder Passagier

Bei dieser Phantasiereise kommen wir all den Teilnehmern ent-gegen, die an Raumfahrt oder Astronomie interessiert sind. Aber vielleicht können wir auch einige Teilnehmer neugierig machen auf die spannende Welt der kosmischen Abenteuer.

Mach es dir auf deinem Platz bequem und schließ die Augen. Achte darauf, dass du bequem sitzt und dass dein Rücken gerade ist. Wenn du deine Sitzposition verändern möchtest, dann kannst du das jederzeit tun, denn du sollst dich wohlfühlen, wenn du mit mir auf die kommende Phantasiereise gehst.

Vertiefe deine Entspannung noch ein wenig, indem du eine Weile auf deinen Atem achtest... Atme ganz natürlich, langsam und leicht, ruhig und friedlich...

Und wenn irgendwelche störenden Gedanken durch deinen Geist wandern, dann bemerke sie und danke ihnen... Lass sie weiterziehen und achte wieder auf deinen Atem. Jedes Ausatmen und jedes Einatmen wird dich mehr und mehr entspannen...

Stell dir nun vor, dass du deine Ferien in Amerika, und zwar in Florida verbringst. Du bist neugierig und möchtest mehr über die Raumfahrtaktivitäten der Amerikaner erfahren. Darum hast du dich in dem Raumfahrtzentrum auf Cape Canaveral irgendwo versteckt, um als blinder Passagier zu der internationalen Raumstation mitzufliegen...

Stell dir vor, dass du es geschafft hast, auf den Kommandostand des Shuttles zu gelangen, der an der Spitze einer riesigen Rakete befestigt ist. Schau dich um... Solange du noch allein an Bord bist, kannst du alles genau betrachten... die Schalter und Steuergeräte, die Warnlampen und digitalen Anzeigen, aber auch die bequemen Sessel, die Schränke für die Versorgung und andere Ausrüstungsgegenstände... (30 Sek.)

Du hörst eine Sirene und siehst, wie drei Astronauten in ihren Schutzanzügen das Shuttle betreten. Beobachte, wie sie Platz nehmen und über Kopfhörer die Anweisungen der Bodenmannschaft verfolgen… Höre, wie der Countdown beginnt…

Plötzlich springen die Raketenmotoren an und tauchen mit ihren Flammen den ganzen Platz in helles Licht…

Spüre, wie das Shuttle sanft zittert, abhebt und immer schneller und schneller wird. Finde ein Beobachtungsfenster, durch das du die Erde betrachten kannst: die Kontinente und Ozeane…

Beobachte auch die drei Astronauten bei der Arbeit. Bemerke, dass sie nach dem Start viel ruhiger und freundlicher wirken. Der Start ist für sie jedes Mal ein aufregender Moment, und sie freuen sich hinterher, wenn alles geklappt hat…

Nimm nun all deinen Mut zusammen und präsentiere dich den Astronauten als erster blinder Passagier der bemannten Raumfahrt. Spüre die ungeheure Verblüffung der Wissenschaftler und beobachte, wie sie gemeinsam in Gelächter ausbrechen…

Für diese Männer sind Überraschungen offenbar normal. So wirst du akzeptiert und in den exklusiven Kreis der privaten Weltraumbesucher aufgenommen…

Lass dir von den Astronauten erklären, welches die nächsten Etappen dieser Fahrt sind, wie lang sich die Fähre bei der Raumstation aufhalten wird und was bei der Rückkehr auf die Erde zu beachten ist…

Du hast jetzt Gelegenheit, ein Gespräch mit einem der Astronauten zu führen. Du kannst ihn alles fragen, was dich interessiert, und du wirst Antworten bekommen, die du nicht in den Zeitungen lesen kannst… (1 Min.)

Nun hast du noch eine Minute lang Gelegenheit, wichtige Stationen dieser Mission zu erleben. Entscheide selbst, worauf du besonders neugierig bist… (1 Min.)

Jetzt wird es Zeit, dass du dieses Abenteuer beendest. Sieh die Raumfähre wieder sicher landen. Vielleicht kennst du dieses Landemanöver schon von einer Flugreise…

Sei wieder zurück in diesem Raum, atme ein Mal tief aus und öffne in deinem eigenen Rhythmus die Augen, erfrischt und wach.

Loslassen lernen

Für das Erwachsenwerden ist in unserer Kultur ein verhältnis-mäßig langer Zeitraum vorgesehen, das sogenannte Jugendal-ter. In diesem Prozess benötigen die Kinder das Vorbild der Erwachsenen, denn diese Entwicklung ist nicht mehr biologisch programmiert. Um erfolgreich die Reife eines Erwachsenen zu gewinnen, müssen sich die Jugendlichen von vielen Einstellungen und Auffassungen, Vorrechten und Vorlieben ihrer Kindheit verabschieden. Sie müssen lernen, Überholtes loszulassen und auf sich selbst gestellt in die Zukunft zu blicken.

Die folgende Phantasiereise illustriert diesen psychischen Vorgang durch eine Naturmetapher und gibt den Teilnehmern damit Gelegenheit zum inneren Üben.

Es ist nicht immer einfach, Abschied zu nehmen. Unsere Vorfahren, die Jäger und Sammler, die durch Feld, Wald und Feld zogen, hatten viel Gelegenheit, sich fortwährend auf Neues einzustellen und Abschied zu nehmen. Sie übten ständig Abschied. Wir sind heute keine Nomaden mehr, und deshalb erschrecken wir manchmal, wenn sich irgendetwas in unserem Leben drastisch verändert. Und die ganz normalen Wechselfälle des Lebens erscheinen uns dann schon wie Krisen. Die Natur zeigt uns, dass Abschied und Neubeginn in einem steten Wechsel erfolgen.

Setz dich bequem hin und stell dir vor, dass du irgendwo draußen auf dem Feld bist, vor dir ein großer Baum. Vielleicht sitzt du so, dass du ihn ganz im Auge haben kannst. Lass es am besten einen alten, sturmerprobten Baum sein, der schon lange an diesem Platz steht. Entscheide dich für irgendeinen Laubbaum…

Lass es gerade Frühling sein und betrachte die Knospen und frischen Triebe… Wenn du willst, kannst du dir auch vorstellen, dass du selbst dieser Baum bist, in dessen Holz nach der Winterzeit der Saft aus den Wurzeln nach oben steigt, voll Kraft und Bereitschaft, Blätter und Blüten zu produzieren… Beobachte wie die zarten Blätter aus ihren Hüllen heraustreten und größer und größer werden, bis sie zu kräftig grünen, stabilen Blättern heranwachsen… Und du kannst auch das Kommen und Gehen der kleinen Blüten miterleben, aus denen im Laufe des Sommers bis zum Herbst die Früchte und Samen werden… Du kannst mit dem Baum die Jahreszeiten erleben, den Sommer mit seiner Hitze und der Sehnsucht nach Regen und dann schließlich den Herbst. Jetzt verfärben sich die Blätter des Baumes, und was nach außen so bunt und schön aussieht, ist doch der Beginn eines vorläufigen Endes… Denn mit dem Grün ist auch die Grundlage für den Stoffwechsel des Baumes verschwunden, nur das Chlorophyll kann das Sonnenlicht in Lebensenergie umwandeln… Der Baum muss sich jetzt auf einen neuen Abschnitt im Kreislauf der Jahreszeiten einstellen. Alles, was für die kommende Zeit des Winters nicht mehr notwendig ist, muss losgerissen werden, und die Zeit des Winters ist eine große Herausforderung für den Baum, er muss sich auf die Kälte einstellen, auf Wind und Sturm und eine Zeit der Trockenheit. Aber der Baum ist klug und weise, und er fügt sich diesem Zwang der Reduzierung und zieht seine Lebenskraft nach innen zurück. Du kannst das miterleben, wenn die Blätter des Baumes zu Boden segeln…

Du hast Tausende von Blättern, und du kannst diesen Moment tausendfach ertragen, nämlich das Loslassen von überflüssig Gewordenem. Und so lebenswichtig und schön deine Blätter bis vor kurzem waren, so überflüssig sind sie für die kommende Winterzeit. Auch manch morscher Ast und umgeknickter Zweig kann von den Herbststürmen zu Boden gerissen werden, um im Frühjahr Platz zu machen für frische Triebe…

Nun sei wieder du selbst… Denk einen Augenblick an die Dinge, die in deinem eigenen Leben überflüssig geworden sind. Dinge, die vielleicht eine Zeit lang lebensnotwendig waren, die du aber in den kommen Jahren nicht mehr gebrauchen kannst. Vielleicht kannst du einen Abschied leichter akzeptieren, der bereits stattgefunden hat oder kannst dich vorbereiten, einen kommenden Abschied leichter anzunehmen, eine veränderte Einstellung zu wichtigen Menschen, eine neue Perspektive auf dein Leben, das Loslassen gewohnter Vorrechte und Erwartungen. Und vielleicht bemerkst du, dass es im Augenblick des Loslassens ein merkwürdiges Empfinden gibt: Man kann nicht genau sagen, ob Schmerz oder Freude überwiegen, denn wie der Baum wirst du dir selbst sagen können, dass du dich mit dem Abwerfen von Ballast gut rüstest für die kommende Zeit. Für die Zeit, in der du alle deine Kräfte benötigst, um den Herausforderungen gewachsen zu sein...

Erlebe nun weiter mit dem Baum die Winterzeit und mit ihr die Zeit der Ruhe, der Starrheit und Kälte und der wilden Stürme... Und wenn du willst, kannst du als Baum auch die alles bedeckende Schneedecke empfinden, die Schneepolster auf deinen starken Ästen spüren und den Frost, der dir aber nichts anhaben kann, denn alle deine äußeren Bereiche sind unempfindlich geworden und wie tot, weil sich ganz innen, in der Tiefe deines Stammes, der Lebensfluss konzentriert. Auch deine tiefen Wurzeln kann die Kälte nicht erreichen... Und so kannst du die Starre und die Eiseskälte in den obersten Erdschichten ertragen. Denn du weißt, dass diese Decke aus gefrorener Erde und die Schicht aus Schnee und Eis darüber auch eine Schutzschicht ist, damit es darunter in der Tiefe des Erdreichs wärmer bleibt für deine Wurzeln, mit denen du dich im Frühling wieder mit Wasser und Nährstoffen versorgen wirst. Und mit dem Baum kannst du dich jetzt einen Augenblick ausruhen, und in deinen Zweigen unsichtbar für den Blick von außen schon all die Knospen vorbereiten, die du im Frühling dann wieder nach außen schicken wirst. Du kannst diese Zeit nutzen, um Atem zu schöpfen und um zu entscheiden, wo du neue Triebe und kleine Zweige ansetzen möchtest, um langsam im Laufe des kommenden Jahres deine Form weiter zu entwickeln, noch kräftiger, noch vielgestaltiger...

Und nun atme ein Mal tief aus und öffne in deinem eigenen Rhythmus die Augen. Sei wieder hier, erfrischt und wach.

Lebensziele

Das Jugendalter ist eine Zeit der intensiven Suche, geleitet von der Frage: Was möchte ich mit meinem Leben machen? Wohin möchte ich gehen? Welche Aufgaben möchte ich anpacken? Mit welchen wichtigen Menschen möchte ich zusammenleben? Wie viele Herausforderungen kann ich mir zumuten? Diese Fragen sind umso schwieriger zu beantworten, je mehr unsere Zivilisation uns vorgaukelt, dass das oberste Lebensziel die Teilnahme am Konsum ist. Es ist daher verständlich, dass viele Jugendliche die Welt wie ein Labyrinth erleben, in dem die Orientierung schwerfällt und ein Ziel schwer auszumachen ist.

Wir benutzen daher das Bild vom Labyrinth, um anzudeuten, dass wir diese innere Schwierigkeit verstehen. Aber wir schließen mit einem guten Ende, das Hoffnung ermöglicht.

Vielleicht kennt ihr diese Situation: Ihr seid in einem großen Warenhaus, und rechts und links, vor euch und hinter euch sind all die schön dekorierten Stände mit Tausenden von Artikeln, die euch angeboten werden. Manchmal kommt es dann dazu, dass uns die Orientierung verloren geht, und wir vergessen, was wir eigentlich gesucht haben: «Was will ich hier eigentlich? Wo finde ich das, was ich wirklich brauche?» Manchmal möchten wir dann fliehen: «Jetzt habe ich genug, ich möchte hier raus!» Wir sind dann erleichtert, wenn wir den Ausgang erreicht haben. Du wirst immer wieder ähnliche Situationen erleben.

Setz dich bequem hin und schließ deine Augen. Stell dir vor, dass du an einem Platz bist, wo du ganz allein sein kannst und wo du dich gern aufhältst. Du kannst dich einhüllen lassen von der Ruhe, die dich umgibt und die sich immer mehr ausbreitet wie ein heller, leichter Nebel. Du kannst bequem atmen, und dein Atem vermischt sich mit dem Nebel, der dich wie eine große, beschützende Wolke umgibt... Und ausgehend von diesem stillen Platz kannst du eintauchen in das Reich deiner Phantasie, aus dem Bilder auftauchen, erst verschwommen, dann immer deutlicher. Nach und nach kannst du sehen, wie du in einer schwach beleuchteten Höhle stehst, in einem Gang, von dem du nicht genau sagen kannst, wie breit und wie hoch er ist.

Du ahnst, dass du in einem Labyrinth bist, das aus vielen Gängen und kleinen und großen Höhlen besteht. Und einen Augenblick fragst du dich, ob du Angst haben musst, hier nicht wieder herauszufinden. Aber du weißt auch, dass du dich auf deine inneren Stimmen, auf deinen inneren Führer verlassen kannst, denn diese werden den Weg, den du gehen musst, nach und nach erkennen. Allmählich wächst deine Überzeugung, dass du dich von ihnen dorthin führen lassen kannst, wo du immer schon hin wolltest, seit vielen, vielen Jahren. Neugierig kannst du alles betrachten, was dir unterwegs begegnet. Und so gehst du langsam durch die Höhle, die durch kleine Öffnungen und Spalten in der Decke schwach erleuchtet ist.

Lass dir Zeit, in dieser dämmrigen Welt herumzuwandern, mal langsamer, mal schneller… und vielleicht legst du ab und zu eine kleine Pause ein…

Irgendwann kommst du zu einem Ausgang des Labyrinthes, vielleicht ganz plötzlich, sodass du dir selbst sagst: «Das überrascht mich. So einfach ist das.» Und schau dich dort genau um, wo du angekommen bist. Vielleicht kommst du auf der Dachterrasse eines Hauses an oder an einem blitzenden Meeresstrand oder auf einer sonnenbeschienenen Waldlichtung, auf einem Berg oder auf einem Kirchturm oder auf einem fremden Planeten…

Schau dich dort um, wo du angekommen bist und lass alles auf dich wirken. Öffne Augen und Ohren, deine Nase und alle deine Sinne… Wenn das innere Bild deines Platzes klar und deutlich zu sehen ist, dann kannst du beginnen, diesen Platz nach deinen Wünschen zu gestalten. Möchtest du darauf ein Haus bauen oder einen Garten anlegen? Möchtest du eine Fabrik bauen oder eine Werkstatt? Stell dir ganz genau vor, was du an diesem Platz am liebsten tun möchtest. Gestalte dir den Platz so, dass du hier das tun kannst, was du wirklich möchtest. Such dir die für dich passende Beschäftigung und mach diesen Platz auch zu einem optimalen Arbeitsplatz, wo du so arbeiten kannst, dass es Spaß bringt. Spüre, wie dieser Platz dich bei allen Tätigkeiten fördert, und wenn du zunächst unsicher bist, was du wirklich besonders gern tun möchtest, dann kannst du ganz verschiedene Dinge ausprobieren, bis du das findest, was du gesucht hast. Einen Bereich, in dem du dich entwickeln und schöpferisch sein kannst... (1 Min.)

Wenn du endlich eine Aufgabe, einen Platz in der Welt gefunden hast, dann wird alles um dich herum in einem angenehmen Licht erstrahlen, und du kannst erkennen, dass du lange Zeit vor einer unscheinbaren Tür gestanden hast, die du aus irgendeinem Grund bisher nicht zu öffnen gewagt hast. Jetzt kannst du auf diese Tür zugehen, neugierig und voller Erwartung. Du zögerst vielleicht einen Augenblick, diese Tür zu öffnen, weil du nicht weißt, was sich noch alles dahinter für dich verbirgt... Aber du entschließt dich, diese Tür zu öffnen, und dann kannst du einen Raum betreten, dessen Grenzen du nicht erkennen kannst.

Und in diesem Raum entdeckst du viel mehr als du jemals erwartet hast, denn hier ist alles, was es jemals gegeben hat und was jemals existieren wird. Hier findest du auch ganz neue Fragen und wenn du Glück hast, auch Antworten. Diese Antworten können auf verschiedene Weise auftauchen, vielleicht als Bilder, als Bewegungen, als Töne oder als Worte. Du kannst dich überraschen lassen, was du aus diesem unendlichen Raum mitbringen wirst. Und lass dir eine Weile Zeit, diesen großen Raum auszuloten. Du weißt, dass du immer wieder zu diesem Raum zurückkehren kannst, um tiefer zu erleben und deutlicher zu spüren, was du möchtest... Und beruhigt darüber, dass du es aushalten kannst, manchmal im Dunkeln zu tappen, gewiss, dass du immer wieder Klarheit finden kannst und einen frischen Blick in die Zukunft, kannst du langsam all dem Adieu sagen, was du jetzt kennengelernt hast...

Nun reck und streck dich ein wenig und öffne dann die Augen. Sei wieder hier, erfrischt und wach.

Mars

Dies ist eine Phantasiereise, die die Teilnehmer in Kontakt bringt mit ihrer Abenteuerlust, ihrer inneren Energie und ihrem Wunsch nach Veränderung.

Vielleicht kennst du das auch: Du möchtest etwas wirklich Ungewöhnliches erleben, jenseits aller Routine, etwas, das über alles dir Bekannte hinausgeht. Du möchtest etwas Aufregendes erleben und eine ganz neue Perspektive finden, deine Kraft und deinen Mut erproben. Wenn du deine Phantasie einsetzt, kannst du ungeahnte Abenteuer erleben.

Setz dich bequem hin und konzentriere dich eine Weile auf deinen Körper. Spüre den Kontakt mit dem Boden, der dich trägt... Tauche immer mehr in diesen Augenblick ein und lass all das los, was dich vorher beschäftigt hat. Du kannst spüren, wie dein Leben in Bewegung ist, bewegt wie der Fluss deines Atems und der Schlag deines Herzens, und du kannst spüren, wie Gedanken und Bilder kommen und gehen, wie alles fließt, und dieses Fließen kann einen Strom von Lockerheit und Ruhe in dir verbreiten. Neugierig kannst du das beständige Kommen und Gehen deines Atems beobachten. Stell dir vor, wie du mit jedem Einatmen rotes, prickelndes Licht in dich hereinholst. Und wenn dieses Licht in deinen Körper einströmt, kannst du vielleicht bemerken, welche Stellen deines Körpers vor allem nach der Kraft dieser Farbe verlangen. Atme immer mehr rote Atemenergie ein, bis du genug davon hast... Gib dir Zeit wahrzunehmen, wie sich dieses rote Licht in deinem Körper anfühlt... (1 Min.)

Lass nun vor dir das Bild einer Rakete auftauchen, die wie eine riesige Lanze in den Himmel ragt. Du kannst eine Leiter hinaufsteigen und dich in die Kapsel an der Spitze setzen, wo all die Steuerungselemente konzentriert sind... Zünde die Triebwerke und flieg mit der Kraft des Feuerstrahls in den Weltraum hinein. Du kannst die Beschleunigung in deinem Körper spüren und wirst fest in deinen Astronautensitz gepresst.

132

Allmählich wird dein Flug sanfter, je weiter du aus der Gravitation der Erde herauskommst. Du bist selbst überrascht, dass du dein Ziel schon erreicht hast – den Planeten Mars…

Während du den roten Planeten umkreist, kannst du seine Oberfläche betrachten: Berge und Täler, Ebenen und Krater, und du kannst einen geeigneten Landeplatz auswählen, von wo aus du diesen Planeten erkunden kannst. Leg dir einen passenden Raumanzug an, wenn du über den Mars wandern willst, und beobachte genau, wie es hier aussieht…

Vielleicht findest du irgendetwas, was in besonderem Maße dein Interesse weckt. Dann kannst du diesen Fund genauer erforschen. Wie fühlst du dich hier oben?…

Sag dieser roten Welt Adieu, wenn du dich zur Heimreise fertigmachst. Besteig wieder deine Rakete, zünde die Triebwerke und flieg zur Erde zurück. Du kannst die Landekapsel absprengen und an einem großen Fallschirm zurücksegeln, um mit deinen Erfahrungen und Erlebnissen hier bei uns zu landen…

Reck und streck dich ein wenig und öffne dann die Augen. Sei wieder hier, erfrischt und wach.

Flamme

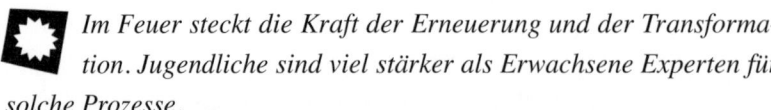 *Im Feuer steckt die Kraft der Erneuerung und der Transformation. Jugendliche sind viel stärker als Erwachsene Experten für solche Prozesse.*

Sie benötigen für jeden Teilnehmer eine Kerze und einen kleinen Untersatz. Am praktischsten sind Teelichter in der Aluminiumhülle.

Ich möchte euch zu einer Phantasiereise einladen, die euch ein sehr angenehmes Gefühl geben kann, ein Gefühl der Ruhe und Kraft und der Verbundenheit mit der Welt.

Setz dich bequem hin und entzünde vor dir deine Kerze. Lass die Kerze etwa einen halben Meter von dir entfernt stehen und achte zunächst auf deinen Atem. Stell dir vor, dass du bei jedem Einatmen etwas von dem warmen Licht der Kerze in dich aufnimmst, sodass dein ganzer Körper sich warm und hell anfühlt. Wenn du immer ruhiger wirst, kannst du deine Aufmerksamkeit mehr und mehr auf die Flamme konzentrieren... Beobachte ihre Farbe in der Nähe des Dochtes und die Veränderung des Farbenspiels zur Spitze der Flamme hin. Du siehst, wie die Flamme nach oben strebt und ihr Licht nach allen Seiten verbreitet. Denk auch daran, was die Flamme braucht: Sie braucht das Kerzenwachs, die Materie, das Weibliche, um ihre Energie immer zu erneuern, und sie braucht die Luft, den Sauerstoff, das Männliche, um zu brennen. Und ähnlich wie die Flamme braucht jeder von uns Männliches und Weibliches in sich, um ein reiches und vielseitiges Leben führen zu können.

Lass dich überraschen, wie das Bild der Flamme sich fortwährend ändert und doch gleich bleibt und wie das Bild der Flamme deine eigenen Gedanken in Bewegung setzt. Wo strebst du selbst nach oben?... Was brennt in dir?... Womit ernährst du dein inneres Feuer?... Auf welche Weise verwirklichst du dich und entfaltest dich im Leben?... Während du solche Gedanken durch deinen Geist ziehen lässt, kannst du das Bild der Flamme betrachten, bis du das Gefühl hast, dass du der Flamme ziemlich ähnlich bist, bis du sogar selbst zur

Flamme wirst. Du kannst das Licht der Flamme zu deinem inneren Licht werden lassen. Und lass die wärmende Kraft des Feuers in dein Herz, in deine Seele einsinken…

Schließ nun die Augen, während du die Flamme weiter mit deinem inneren Auge sehen wirst. Du kannst mit dieser inneren Flamme eine Reise durch deinen Körper beginnen… Beginne bei den Füßen und wandere langsam hoch durch den ganzen Körper. Du kannst jeden Teil deines Körpers mit der Flamme erwärmen, du kannst alle inneren Räume ausleuchten…

Wandere mit der Flamme weiter, auch in deinen Kopf und in die feinen Windungen deines Gehirnes. Du kannst ihr Licht und ihre Wärme benutzen, um deinen Geist zu erfrischen und ihn hellsichtig und optimistisch zu machen… Und schließlich kannst du mit der Flamme zu deinem Herzen wandern und hier die Flamme der Liebe entzünden. Mit jedem Herzschlag kannst du spüren, wie kräftig dieses Gefühl ist…

Wenn du bereit bist, kannst du jetzt auf ganz einfache Art liebevolle Gedanken aussenden: Ich denke an dich… Ich glaube dir… Ich wünsche dir Gutes… (1 Min.)

Und nun komm mit deiner Aufmerksamkeit zurück. Atme ein Mal tief aus… Öffne dann in deinem eigenen Rhythmus die Augen und sei wieder hier, erfrischt und wach.

Das Schiff

Erwachsenwerden heißt, immer stärker das Gefühl zu entwickeln, dass wir das eigene Leben steuern und in eine harmonische Beziehung zu den Kräften dieser Welt treten können, es bedeutet, dass wir allmählich eine Basis finden, um all den erfreulichen und schwierigen Ereignissen, die sich im Laufe eines Tages ergeben, gewachsen zu sein.

Setz dich bequem hin und schließ deine Augen. Spüre einen Augenblick deinen Atem. Finde eine Möglichkeit, es dir noch bequemer zu machen. Und jetzt kannst du dir vorstellen, dass ein großes Segelschiff seine Reise antritt... Der Wind füllt die weißen Segel, während das Schiff dem offenen Meer zustrebt.

Immer deutlicher erkennst du das Schiff mit seinen schwellenden Segeln und siehst, wie der Bug des Schiffes Wasser und Wellen teilt...

Du kannst auch die große Kraft des Windes spüren, der in die Segel bläst und das Schiff nach vorne treibt. Du spürst das Salz in der Luft und schmeckst es. Du kannst auch das Pfeifen des Windes in der Takelage hören und das Klatschen der Wellen gegen den Bauch des Schiffes...

Nun stell dir vor, dass du selbst auf dem Schiff bist. Stell dir vor, dass du oben an Deck stehst auf dem Steuerstand und auf das offene Meer hinausblickst. Die Wasseroberfläche blitzt im Sonnenlicht, und am Horizont gibt es eine Linie, wo sich ganz in der Ferne Meer und Himmel vereinigen...

Du bemerkst den Geruch des Seewassers, den Geruch von Salz und Seetang, und der Wind fährt dir durch die Haare und brennt auf deinem Gesicht. Du greifst fest in das große, hölzerne Steuerruder mit den vielen Speichen und Griffen. Fest hältst du es in beiden Händen, um das Schiff auf dem richtigen Kurs zu halten...

Manchmal musst du das Steuer rechts herumdrehen, und manchmal links herum, und du genießt das Gefühl, dass das Ruder des Schiffes deinem Kommando folgt. Du genießt es, dass du ein so großes

Schiff steuern kannst. Du konzentrierst dich auf deine Kraft, das Schiff in die Richtung zu bringen, die du ihm geben willst...

Du brauchst dich dafür nicht besonders anzustrengen. Es ist ausreichend, wenn du deinen Blick nach vorn richtest. Dann kannst du das Rad leicht drehen, und jeder deiner Entscheidungen folgt das Schiff durch eine passende Bewegung. Du weißt, dass du die Richtung des Schiffes bestimmst...

Du kannst dieses Gefühl in all seinen Einzelheiten genießen, dieses Gefühl, steuern zu können, das Empfinden, dass aus dem kleinen Impuls eine wirksame Veränderung wird...

Es ist der Wind, der dem Schiff die Kraft gibt, und es ist das weite Meer, welches das Schiff trägt, und es ist deine konzentrierte Aufmerksamkeit, die all das zusammenwirken lässt. Vielleicht löst das bei dir ein ganz unbeschreibliches Gefühl aus, das du tief in dich einsinken lassen kannst und das du später immer wieder zur Verfügung hast, wenn du es gebrauchen kannst...

Nun kannst du dem Schiff Adieu sagen, das Steuerruder anderen Händen übergeben und mit deiner Aufmerksamkeit hierher zurückkommen. In ein paar Augenblicken kannst du die Augen wieder öffnen, erfrischt und wach, und dich hier bei uns im Raum umsehen. Du kannst die Bilder, die du gesehen hast, verblassen lassen und sie aufbewahren in der Tiefe deines Gedächtnisses. Und nun öffne deine Augen...

Reise in die Berge

 Hier erleben die Teilnehmer etwas Exquisites, nämlich die Begegnung mit einem Guru. Jeder weiß, wie leicht heute Informationen aus dem Internet beschafft werden können. Aber es ist nicht möglich, aus dem Internet die Stimme der Weisheit zu hören. Das gelingt uns nur durch die Präsenz einer weisen Person. Doch können wir auch jene Weisheit hören, die in jedem von uns vorhanden ist.

Mach es dir auf deinem Platz bequem, schließ deine Augen und leg von jeder Hand Daumen und Zeigefinger zusammen. Atme ein Mal tief aus und warte dann fünf Sekunden, ehe du die Luft neu in dich hereinströmen lässt, in deinen Bauch und in deine Brust…

Fang an, langsam und tief, beruhigend und erfrischend zu atmen. Und wenn du so weit bist, kannst du deine Finger wieder öffnen und ganz normal und bequem weiteratmen und dir gestatten, dass du jedes Mal ein wenig entspannter und aufmerksamer sein kannst…

Stell dir vor, dass du irgendwo am Fuße eines mächtigen Berges bist. Du wirst in kurzer Zeit auf eine Reise ins Gebirge gehen… Wie fühlst du dich bei dieser Aussicht?… Bist du dafür passend angezogen?… Willst du irgendein Reisegepäck mitnehmen?… Überprüfe noch einmal deine Umgebung, ehe du losgehst. Wie sieht das Gelände um dich herum aus?… Wie ist das Wetter?…

Und wenn du deinen Weg jetzt beginnst, achte darauf, wie sich die Landschaft verändert und die Perspektive, aus der du die Natur siehst…

Hol einmal tief Luft und bemerke, wie die Luft riecht… Wie fühlt sich der Boden an, auf dem du gehst?… Ist er rau oder glatt, steil oder eben?… Und wenn du weitergehst, dann bemerke, dass der Abend näher kommt und dass es bald dunkel wird… Am Horizont erscheint der Mond, sodass du immer noch deinen Weg erkennen kannst… Jetzt fällt dir auch ein, was man dir erzählt hat: In dieser Gegend des Gebirges soll eine weise Person in einer Höhle leben. Sei neugierig, ob du mit dieser weisen Person zusammentreffen wirst. Nachdem es dunkler geworden ist, kannst du nun in der Ferne, an der Flanke des Berges, einen Feuerschein beobachten. Und während du näher kommst, siehst du in einer Höhle eine Person am Feuer sitzen. Du trittst mit einem Gefühl von Respekt und Ehrfurcht zu ihr heran. Die Person sitzt in einer Weise am Feuer, dass du dir ganz sicher bist: Dies ist der weise Mensch, von dem du gehört hast…

Es erscheint dir im Augenblick noch unpassend zu sprechen. Darum setzt du dich still an das Feuer. Du hörst das Prasseln der Flammen und du betrachtest die Erscheinung der weisen Person – das Gesicht und die Körperhaltung, die Kleidung und vielleicht ein paar persönliche Gegenstände…

Und in deiner Vorstellung kannst du versuchen, dich mit dieser weisen Person zu identifizieren. Sei im Körper dieser Person, blicke durch ihre Augen und spüre die Empfindungen für den Besucher, der zu deiner Höhle ans Feuer gekommen ist…

Manchmal haben weise Personen eine Botschaft für ihre Besucher. Welchen Rat und welche Empfehlung kannst du als diese weise Person deinem Besuch geben, damit dessen Leben in eine gute Richtung geht und sinnvoll wird?… (30 Sek.)

Und nun sei wieder du selbst und spüre, was du empfindest, wenn du über diesen Rat nachdenkst…

Vielleicht ist die Zeit schon gekommen, dass du die weise Person verlassen musst, aber bevor du gehst, greift die weise Person in die Dunkelheit hinter sich und überreicht dir ein Geschenk, das du in deinem Leben gut gebrauchen kannst. Schau es dir gut an und bemerke, was du dabei empfindest. Dann bedanke dich bei der weisen Person und warte, ob sie noch etwas zu sagen hat. Vielleicht mit Worten, vielleicht mit einer Geste, vielleicht mit einem Blick in deine Augen… Dann setze deinen Weg fort, bis du einen Rastplatz für die Nacht findest… Betrachte und untersuche dein Geschenk und überlege, was es für dein Leben bedeuten kann. Vielleicht brauchst du dafür auch noch Zeit…

Und nun atme ein Mal tief aus und öffne in deinem eigenen Rhythmus die Augen. Sei wieder hier, erfrischt und wach.

Tempel des Schweigens

Bewusst schweigen zu können, ist eine wichtige Fähigkeit. Schweigend können wir uns regenerieren, Unsicherheit oder Unruhe ausklingen lassen und uns innerlich von Gedanken und Anforderungen verabschieden. Das Schweigen ermöglicht einen Neuanfang. Im kontemplativen Schweigen kann unser Organismus sich eine neue Balance schaffen und frische Kräfte sammeln. Schweigend hören wir leichter, was unser Herz zu sagen hat.

Auch Jugendliche können diese kontemplative Fertigkeit trainieren. Sie hilft ihnen, erwachsen zu werden.

Mach es dir auf deinem Platz bequem und schließ die Augen. Achte darauf, dass dein Rücken ganz gerade ist, damit du leicht atmen kannst. Atme drei Mal tief aus und gestatte deinem Körper, jedes Mal ruhiger und entspannter zu werden…

Wende nun deine Aufmerksamkeit all den Tönen und Geräuschen zu, die dich umgeben…

Bemerke die leisen Geräusche aus dem Hintergrund, die du normalerweise nicht bewusst wahrnimmst. Du musst dich dabei nicht anstrengen. Lass die Töne aus eigener Kraft in dein Ohr gelangen… aus allen Richtungen, und bemerke den Augenblick, in dem sie verklingen…

Und wenn ein neuer Ton, ein neues Geräusch entsteht, dann bemerke exakt den Augenblick seiner Geburt, und sag im Stillen: «Jetzt.»

Bemerke, dass auch Geräusche eine Klangfarbe und eine Oberfläche haben…

Wenn du weiter lauschst, dann stell dir vor, dass all die Geräusche zusammen ein Musikstück bilden mit einem eigenen Rhythmus. Genieße die Pausen, weil sie wichtig sind für jede Melodie. Und bemerke, wie einfach dies alles ist. Du öffnest nur deine Ohren…

Stell dir nun vor, dass du auf dem Lande bist und dass der Frühling gerade angefangen hat. Ein wunderschöner Morgen ist angebrochen und die Sonne scheint… Der Himmel ist blau und der Wind weht mild. Du kannst die Luft auf deinem Gesicht spüren. In deiner Umgebung siehst du Blumen, Wiesen und Bäume, und weiter hinten in der Ferne Hügel und Berge…

Auf einem dieser Hügel kannst du jetzt einen Tempel sehen. Es ist der Tempel des Schweigens. Aus der Ferne leuchtet der Tempel wie eine helle Wolke…

Du beschließt, den Tempel des Schweigens zu besuchen. Du siehst den Weg vor dir, der dorthin führt. Zuerst geht es durch ebenes Gelände, doch später musst du Schritt um Schritt den Hügel hinaufsteigen…

Du hast davon gehört, dass im Tempel des Schweigens besondere Gesetze gelten: Niemand darf hier ein Wort sagen und jeder muss sich langsam und würdevoll bewegen.

Nun stehst du unmittelbar vor dem Tempel und vor seiner hölzernen Tür. Du weißt, dass hinter dieser Tür eine besondere Atmosphäre auf dich wartet: Stille, Schweigen und Frieden…

Du drückst die Tür auf und betrittst den Tempel. Langsam gehst du hinein und schaust dich um. Sobald sich die Tür hinter dir geschlossen hat, wird das Schweigen immer tiefer…

In der Mitte des Tempels gibt es eine kreisrunde Erhöhung. Hier dürfen die Besucher stehen, umgeben von einem Lichtkranz, der durch ein Oberlicht hereinkommt…

Du gehst mitten in diesen Lichtkranz, sodass du ganz und gar umgeben bist von warmem Licht und durchdrungen von heilsamem Schweigen. Lass Licht und Schweigen in deinen ganzen Körper herein, in jeden Teil, in jeden Winkel. Stell dir vor, dass du dieses Licht und dieses Schweigen einatmest und dass jeder Atemzug dich tief erfrischt. Alte Verletzungen fangen an zu heilen, verlorene Hoffnungen keimen neu auf…

Und wenn du bereit bist, dann kannst du den Tempel jetzt durch dieselbe Tür verlassen, durch die du hereingekommen bist. Behalte das Bild des Tempels in deinem Herzen, damit du ihn wiederfinden kannst, wenn du das möchtest…

Draußen vor dem Tempel hörst du die Vögel singen und du siehst, wie sich die Blätter der Bäume im Wind bewegen. Die Ruhe und das Licht begleiten dich… Und langsam, ganz langsam kannst du hierher zurückkehren in diesen Raum. Das Schweigen begleitet dich, denn der Tempel des Schweigens existiert tief in deinem Inneren.

Atme nun ein Mal gründlich aus, reck und streck dich und öffne in deinem eigenen Rhythmus die Augen. Sei wieder hier, erfrischt und wach.

Mehr für die Arbeit mit Kindern und Jugendlichen

iskopress

Klaus Vopel
Kunsttherapie für Kinder
110 Ideen zum Zeichnen und Malen
142 Seiten, Paperback
ISBN 978-3-89403-458-0

Klaus W. Vopel
Kunsttherapie für Jugendliche
90 Ideen zum Malen und Gestalten
132 Seiten, Paperback
ISBN 978-3-89403-398-9

Klaus W. Vopel
Ein starkes Ich
Geleitete Imaginationen für Jugendliche
ISBN 978-3-89403-345-3
176 Seiten, Paperback

Klaus W. Vopel
Meditationen für Jugendliche
208 Seiten, Paperback
ISBN 978-3-89403-155-8